株式投資の学校
［チャート
　分析編］

ファイナンシャルアカデミー
編著

一本书看懂股票图表

股票技术指标分析
快速入门到精通

日本金融学习协会 编著
谭艳 译

华夏出版社
HUAXIA PUBLISHING HOUSE

图书在版编目（CIP）数据

一本书看懂股票图表：股票技术指标分析快速入门到精通 / 日本金融学习协会编著；谭艳译. -- 北京：华夏出版社有限公司，2020.5
ISBN 978-7-5080-9839-5

Ⅰ.①一… Ⅱ.①日…②谭… Ⅲ.①股票投资 – 基本知识 Ⅳ.① F830.91

中国版本图书馆 CIP 数据核字 (2019) 第 181437 号

KABUSHIKITOSHI NO GAKKO[CHART BUNSEKI HEN]
by Financial Academy
Copyright © 2017 Financial Academy
Simplified Chinese translation copyright © 2020 by Beijing HuaxiaHejun Books Company
All rights reserved.
Original Japanese language edition published by Diamond, Inc.
Simplified Chinese translation rights arranged with Diamond, Inc.
through Eric Yang Agency

北京市版权局著作权合同登记号：图字 01-2019-2222 号

一本书看懂股票图表：股票技术指标分析快速入门到精通

编　　著	日本金融学习协会
译　　者	谭艳
责任编辑	裘挹红　卫清静
出版发行	华夏出版社有限公司
经　　销	新华书店
印　　刷	三河市少明印务有限公司
装　　订	三河市少明印务有限公司
版　　次	2020 年 5 月北京第 1 版 2020 年 5 月北京第 1 次印刷
开　　本	880mm×1230mm　1/32
印　　张	6.25
字　　数	149 千字
定　　价	68.00 元

华夏出版社有限公司　地址：北京市东直门外香河园北里 4 号　邮编：100028
　　　　　　　　　　网址：www.hxph.com.cn　　　　电话：（010）64618981
若发现本版图书有印装质量问题，请与我社营销中心联系调换。

主要的股票图表看这里!

证券公司的网站中常使用彩色的股票图表进行解说,而本书使用黑白图表进行讲解,所以有时您可能无法找到讲解中对应的线。

因此,为避免给您的阅读带来不便,使您更易确认所指曲线,本书特在卷首附有彩色股票图表。

不同证券公司对于股票图表的颜色标识或有不同,请知悉。

1. 阴阳烛：股价动向一目了然（阴阳烛图即K线图）

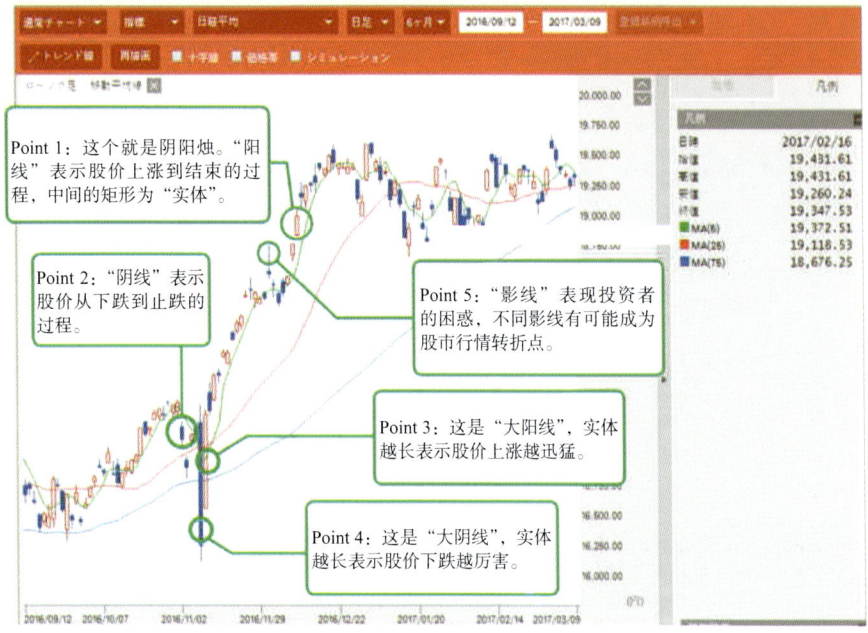

资料来源：会社四季报オンライン·高機能チャート（クォンツ·リサーチ株式会社提供）

2. 移动平均线：能把握股价趋势

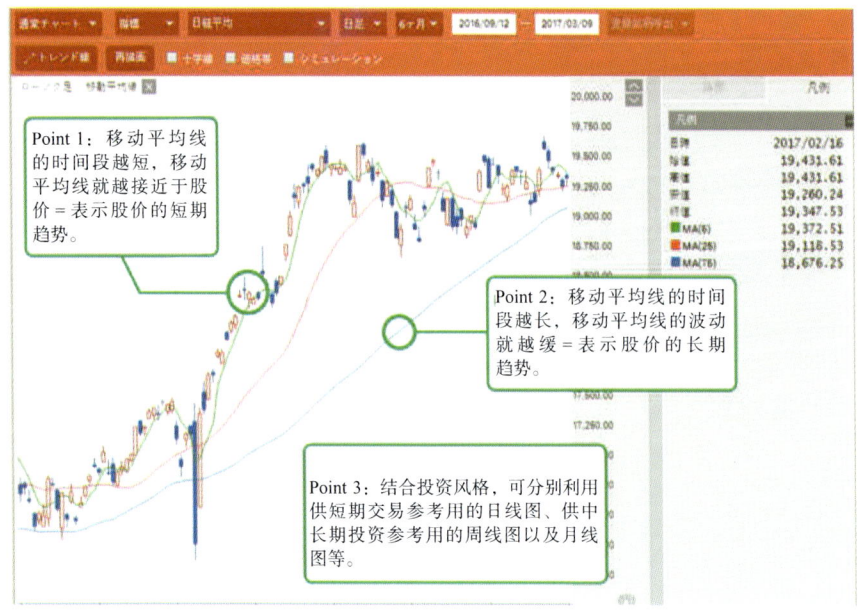

资料来源：会社四季报オンライン·高機能チャート（クォンツ·リサーチ株式会社提供）

3. 成交量：明晰股票市场的形势

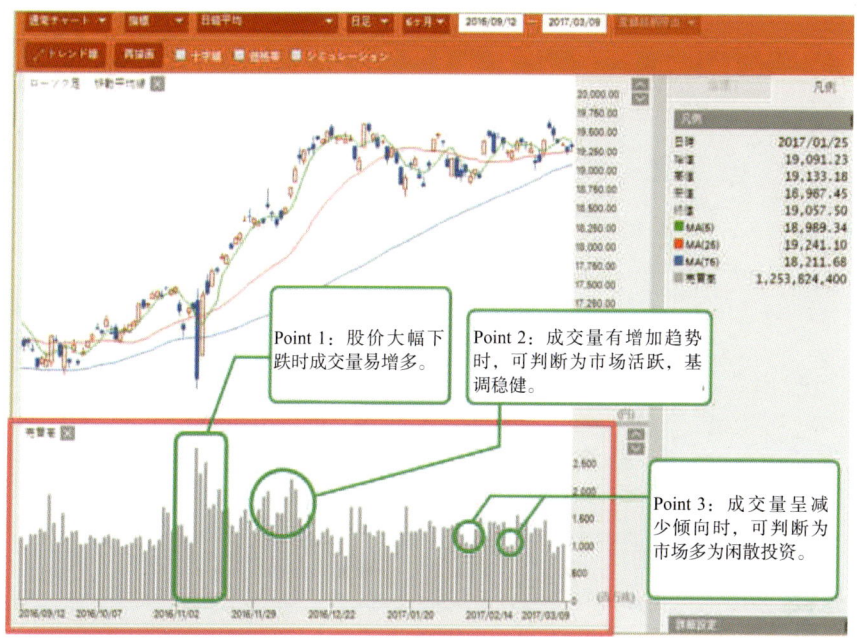

资料来源：会社四季报オンライン・高機能チャート（クォンツ・リサーチ株式会社提供）

4. 布林带：由 7 条线构成

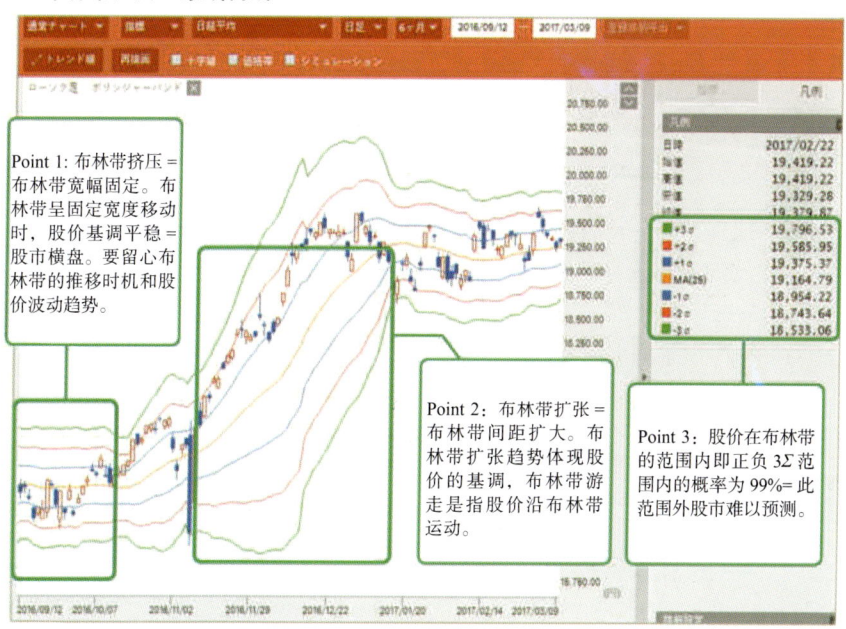

资料来源：会社四季报オンライン・高機能チャート（クォンツ・リサーチ株式会社提供）

5. 一目均衡表：通俗易懂

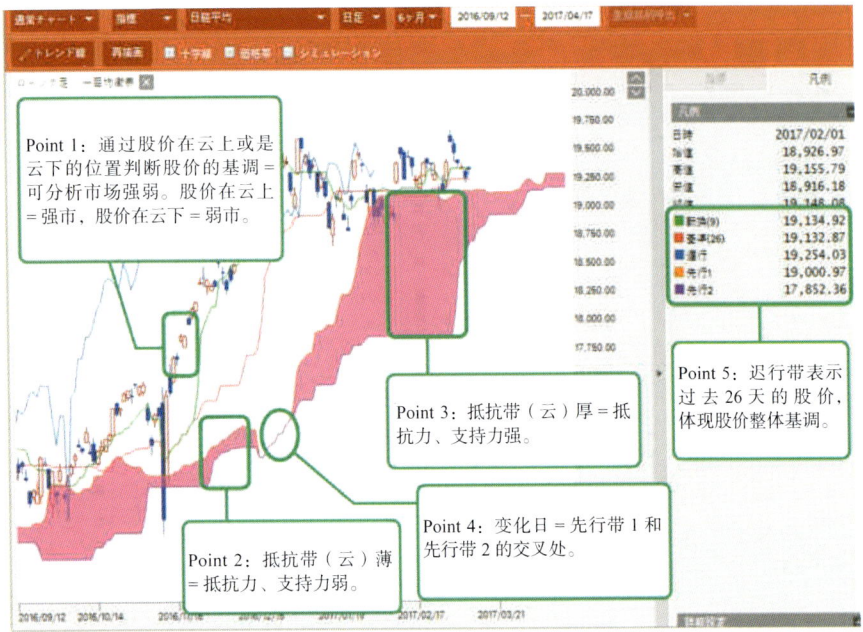

资料来源：会社四季報オンライン・高機能チャート（クォンツ・リサーチ株式会社提供）

6. MACD：同时掌握股价趋势和过热度

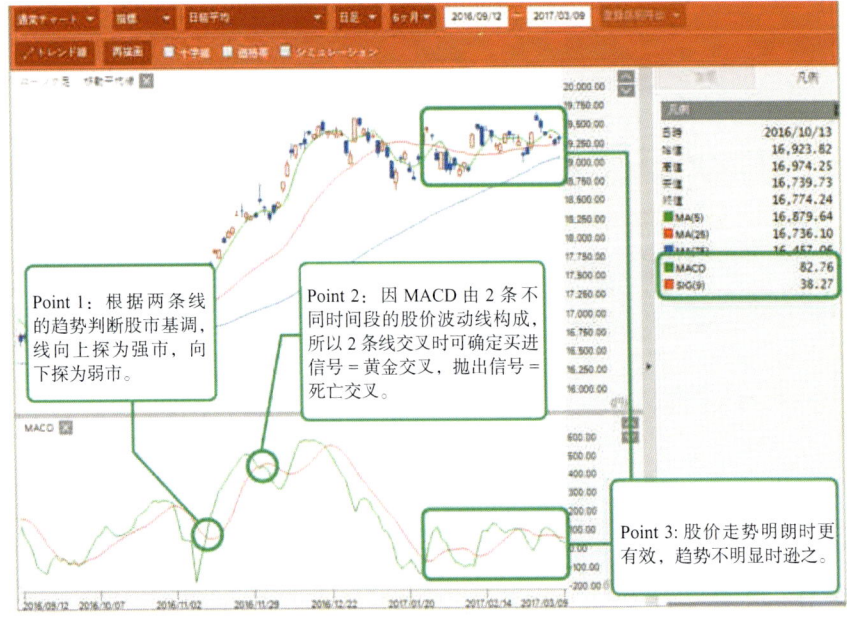

资料来源：会社四季報オンライン・高機能チャート（クォンツ・リサーチ株式会社提供）

7. RSI：通过股价涨幅分析股市过热程度

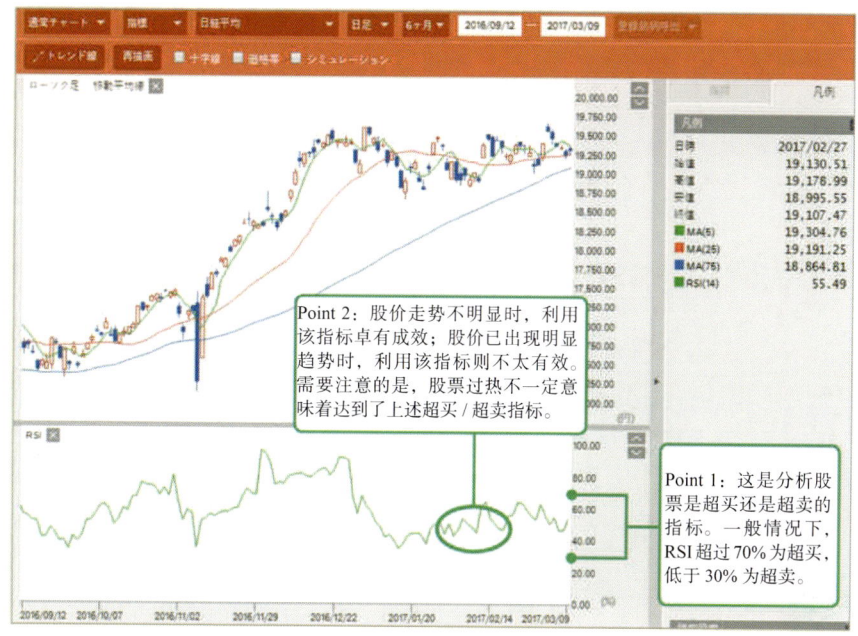

资料来源：会社四季报オンライン・高機能チャート（クォンツ・リサーチ株式会社提供）

8. RCI：按顺序排列股价涨幅

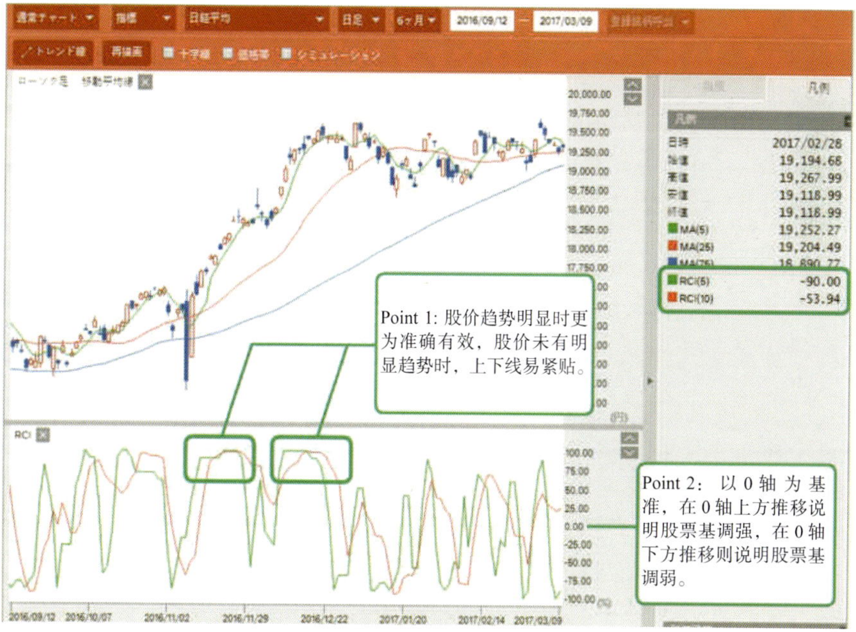

资料来源：会社四季报オンライン・高機能チャート（クォンツ・リサーチ株式会社提供）

9. 随机指标：显示当前股价高低

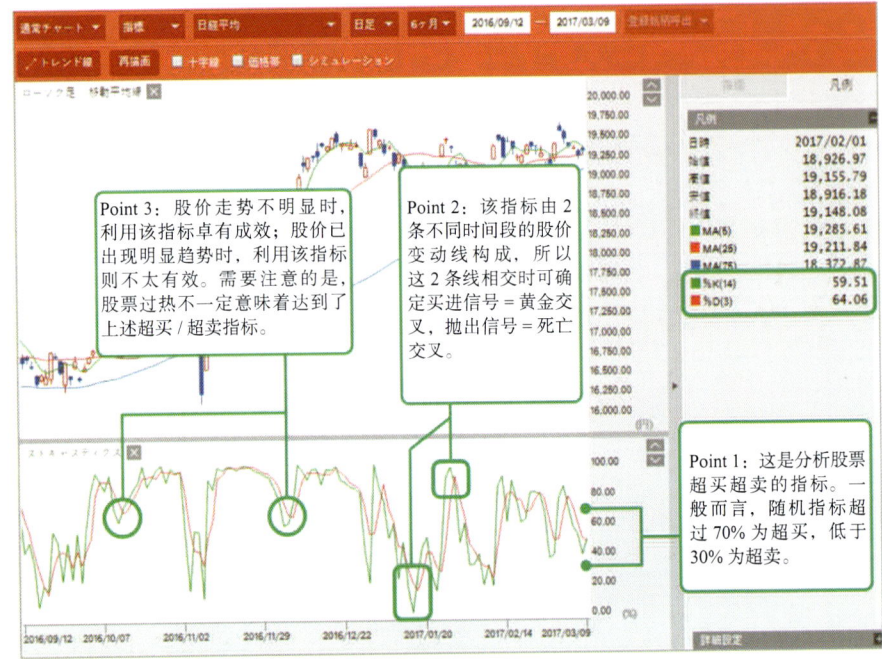

资料来源：会社四季報オンライン・高機能チャート（クォンツ・リサーチ株式会社提供）

目 录
CONTENTS

序 言

为什么说股票图表值得一用呢? ———————————————— I

股票图表是最基础的使用工具 ———————————————— II

对暴跌风险的管控来说,技术分析不可或缺 ———————— III

巧用技术分析,规避 5000 日元以上的暴跌 ———————— VI

利用股票图表,提升您的投资表现 ————————————— VII

第1章
掌握技术分析的四大重点

第 1 节　理解股票图表含义 ——————————————— 003

第 2 节　技术指标分为两类 ——————————————— 005

第 3 节　针对顺势交易的趋势派技术指标 ———————— 007

第 4 节　针对逆势交易的震荡派技术指标 ———————— 012

第2章
灵活运用趋势派技术指标

第 1 节　K 线图:股价动向一目了然 ——————————— 021

第 2 节　移动平均线:了解股价趋势 —————————— 029

I

第 3 节　运用格兰维尔法则分析买卖时机 ———————— 035
第 4 节　成交量分析：把握股市形势 ———————————— 041
第 5 节　布林带：90% 的股价在布林带内 ——————————— 045
第 6 节　一目均衡表：通俗易懂 ———————————————— 051

第3章

震荡派技术指标的使用方法

第 1 节　MACD：趋势派与震荡派所共有 ——————————— 061
第 2 节　RSI：通过股价涨幅看股市过热程度 ————————— 067
第 3 节　RCI：为股价涨幅排序 ———————————————— 073
第 4 节　随机指标：针对过去的股价波幅，判断现在股价的高低　079
第 5 节　通过移动平均线的乖离率分析股市过热程度 ————— 084

第4章

分析股市趋势，看清股市形势

第 1 节　分析股市的趋势线，把握股价的方向性 ——————— 091
第 2 节　结合股价趋势，运用不同的交易方法 ———————— 104
第 3 节　分析图表形态，解读股价动向 ———————————— 113
第 4 节　形容股价波动的艾略特波浪理论 ——————————— 121
第 5 节　构成艾略特波浪的斐波那契比率分析 ———————— 136

第 5 章

通过技术指标看清买卖时机

第 1 节　技术分析：降低亏损的风险 ——————— 145

第 2 节　技术分析流程 ———————————————— 147

第 3 节　看清呈下跌趋势的股票的买卖时机 ————— 151

第 4 节　看清呈上升趋势的股票的买卖时机 ————— 158

第 5 节　看清横盘趋势中的股票买卖时机 —————— 164

第 6 节　看清中小型股票与新兴市场股票的买卖时机 —— 170

附录 1　从买进股票到抛出股票的步骤 ———————— 177

附录 2　这只股票是涨还是跌，请用图表分析一下吧！ —— 181

序言

为什么说股票图表值得一用呢？

　分析股票的方法，大致有以下两种：
（1）"基本分析"：根据企业的经济状况和业绩来分析股票。
（2）"技术分析"：使用股票图表，根据过去的股市动向分析今后的股价动向。
　这两种分析方法的操作手法截然不同。
　方法（1）是对企业所具备的实力进行分析。
　方法（2）是对股价的趋势以及买进或抛出时机进行分析。
　股票投资是指投资企业成为股东，故而很多人会通过对企业业绩的分析来选择个别股票。从选择个股的角度来看，使用基本分析无可厚非。
　但是，"明明买进了创下高收入纪录的企业的股票，却亏了一笔！"——有这种经历的人不在少数。一般而言，若某一企业业绩好，人们就会认为该企业"股票必然会上涨"。效益好的企业，其价值即时价总额会因投资者买进其股票而呈比例增长。同理，当企业效益不佳时，企业价值降低，其时价总额会因投资者抛出股票而相应减少。
　提到股票投资，人们一般会认为，"股价是受未来企业效益和经济状况等影响而变动的先行指标"。因此，如果以眼下的企业效益作为股票投资的参考，投资者往往会犹豫不决。即便企业当前的业绩处于峰值，但如果下期业绩不如预期，那么其股票就会被抛出。同理，即便企业当前的业绩并不理想，但如果下期业绩有很大潜力，其股票就会被买进。因此，无论您选择了当下效益有多好的企业，若是搞错了股票的买进时机，仍然很有可能蒙受损失。

股票图表是最基础的使用工具

在研究股票买进时机和抛出时机时，要灵活运用技术分析。技术分析是通过对以往的股价趋势进行分析以判断今后股价是上涨还是下跌的一种方法。

以移动平均线分析等为代表的技术分析有多种方法。从根本上来说，无论哪一种技术指标，都是以股价为基础并通过既有的公式计算得出的。因此，如果没有私自改变公式设定，采用此方法的投资者都是在相同条件下以相同方式进行计算的。

例如，有一种采取技术分析的交易方法叫"机械化交易"。机械化交易是指将技术分析的各类指标相结合，使其系统规则化，在出现买进信号时机械性买进、出现抛出信号时机械性抛出的一种投资方法。

它是以技术指标为基础计算而来的，从这一特征来看，就算有一定偏差，也几乎可以同时检测出大多数系统交易者的买卖信号。

像机械化交易者这种利用股票图表决定交易的投资者越多，股价按照技术指标波动的比率就越高，因此投资者对于技术分析的信任度较高。

以机械化交易者为首的大多数投资者，都在利用股票图表进行股票交易。因此，若今后您想要正式投身股票投资领域并获得可观收益，股票图表可谓助您成功的最基础的工具。

即便如此，或许仍有人会觉得"技术分析看起来很有难度"而放弃使用图表来进行股票投资，可以说这并不明智。那样一来，只能成为股票市场的"常败将军"。

比如，从2013年起，受安倍经济学的影响，日本证券市场股价大幅上涨。实话说，在当时的情况（总行情）下，不管是谁，就算不用股票图表,无论买哪一只股票都能轻松获得收益(总行情)。如果运气好,在那时开始股票投资,一定会大赚一笔。

但是在那之后,2015 年中国股市出现断崖式下跌,许多投资者开始漫长的挣扎,只能任由股价随着股市总行情的变化而进行少量交易,赚取微薄收益。

那么,判断股票买卖时机时为什么要运用技术分析呢?

下面将具体解释这一问题。

对暴跌风险的管控来说,技术分析不可或缺

使用股票图表的首要原因,是为了在每三至七年内发生一次股市暴跌时有所准备。请通过实际的日经平均股价图,了解股价的变动过程。请看图表 1。

图表 1　2011—2015 年日经平均股价的变化

资料来源:会社四季报オンライン·高機能チャート(クォンツ·リサーチ株式会社提供)

III

2012年12月,来自自民党阵营的安倍政权诞生。安倍内阁推出了以"金融政策、财政政策、成长战略"三支箭为主导的安倍经济学,所以日本证券市场股价大幅上涨。

2012年末,原本9000多日元的日经平均股价回升,回涨到雷曼冲击之前即2007年2月的最高价18300日元。

2015年6月24日,股价再次回升至20952日元。

从那以后,很多经济学家和分析师放言"日经平均股价将升至3万乃至4万日元",民众对此抱有极大的期待。

然而,实际情况又是怎样的呢?请看图表2中的**2**部分。

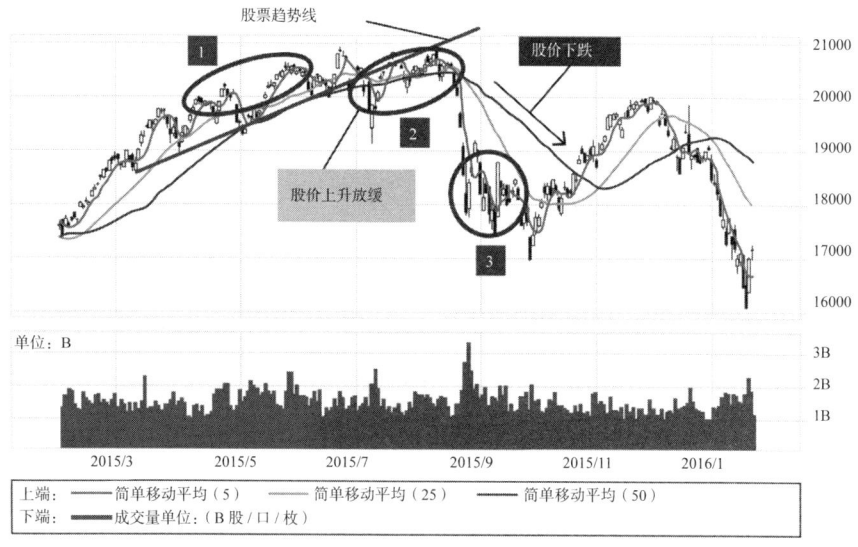

图表2　2015—2016年日经平均股价的变化

资料来源:SBI証券サイト画面

2015年8月,中国经济下行,人民币贬值,以此为导火索,中国股市发生了断崖式下跌。与此同时,日本证券市场和美国证券市场的股价也大幅度跌落。

结果，日经平均股价没有超过 2015 年 6 月的高价 20952 日元，反而下跌了 4000 多日元。9 月 29 日，最低价下跌至 16901 日元。

请按照趋势线 **1**、**2**、**3** 的顺序依次观察图表 2，进一步详细了解股价的趋势。

1 进入 2015 年后，日经平均股价呈持续上涨趋势，5 月达 19000 多日元。

灵活运用趋势线分析观察股价图，注意图表 2 的趋势线。

2 2015 年 8 月中旬，日经平均股价虽然是 2 万多日元，但其趋势线放缓。也就是说，股价虽然很高，但一直以来的上升趋势已经开始改变了。

3 由于此前始终在高价圈移动的日经平均股价突然下跌至趋势线下方，因此，对股价上升趋势持怀疑态度的人数增加，股票抛出量增多，导致 2015 年 8 月下旬起股价大幅跌落。

谁也不能准确地预见股票市场的上限在哪里，何时又会迎来暴跌。股价究竟是否会下跌，只有发生以后才能见分晓。

然而，就算不明白股价究竟是会上涨还是下跌，只要认识到股价上升趋势开始转变这一点，就能够尽早将所持股票抛出，进而避免高价买进股票这种最不可取的行为。

如果在 2015 年 8 月股市出现断崖式下跌时能够运用技术分析，就可以及时认识到股市发生变化、形势开始转变了。

退一步讲，就算不能够预知股市形势变化，只要灵活运用技术分析，也有可能在股票市场大幅下跌之前将所持股票抛出，尽可能将损失降至最小。

此外，即使不能够预知股票市场正在悄然变化，如果能够先其他投资者一步，察觉到股市正在转向，也就可能在损失出现之前及时停利。

通过运用上述技术分析，我们可以防患于未然，减少股票投资的风险。

巧用技术分析，规避5000日元以上的暴跌

此后，日本的股票市场趋于平稳，日经平均股价于2015年12月上涨至20012日元。一定有很多投资者心想"股市终于回暖了"。

然而，2016年日本证券交易开始日——大发会后的日本股票市场又是怎样的呢？请看图表3，从 **1** 处就可以清楚地知道，股价不仅没有超越2015年的最高价，反而还在持续下跌。

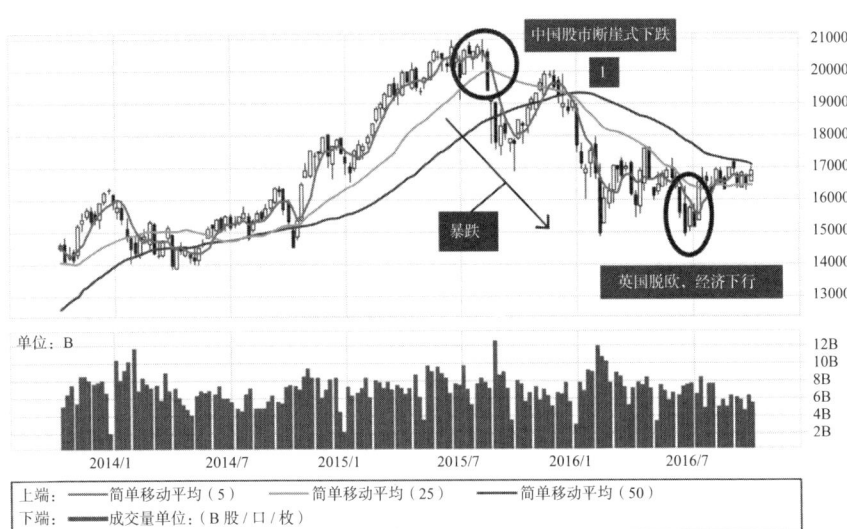

图表3　一年跌落5000日元（2014年1月—2016年7月的日经平均股价）

资料来源：SBI証券サイト画面

2016年1月4日达18818日元的日经平均股价，在2016年1月21日下跌2800多日元，变为16017日元。从12月最高价跌落至后来的最低价，跌幅为3995日元。此时，若能有效利用技术分析，或许就能在股市发生变化时尽早发现这一趋势。之后日经平均股价仍然持续缓慢下落，直到2016年夏天跌至15000日元。

2016年6月24日，根据英国民众公投结果，英国决定脱欧，因此经济迎来"脱欧危机"，股价下跌至14000日元。与2015年最高价相比，股价跌幅超过5000日元，股市表现低迷，出现20%以上的大暴跌。

可以说，若能有效利用技术分析，就大有可能在如此大规模的暴跌发生前有效规避风险。

利用股票图表，提升您的投资表现

像这样股价暴跌20%以上的现象，有可能平均每三至七年就会迎来一次。股市的风险就在于，多年来上涨的股价在短短半个月至一年的时间内就跌至深渊。想象一下，您在2002年开始股票投资的话会是什么景象。

请参考图表4的股价图。

1 2007年之前，股价一直稳健上涨。股价上涨时，简而言之，无论谁去买，无论买哪一只，无论何时买进，大多数情况下都能盈利。

许多投资者因此会认为："股票这东西这么能赚啊，操作太简单了！"

2 可是此后，经过次贷危机、雷曼危机，日经平均股价在2008年跌落700日元，股价持续下跌，达到最低价6994日元。

2007年，日经平均股价从18000多日元突然暴跌至6994日元，想必神仙也难以预料。

从 **2** 处股价下跌的过程来看，股价已经跌到相当低的水平了，因此有些人认为："从18000日元开始跌到现在，看起来也该触底了，差不多该止跌了。"于是在股票还在下跌时，保守地以1万日元的价格

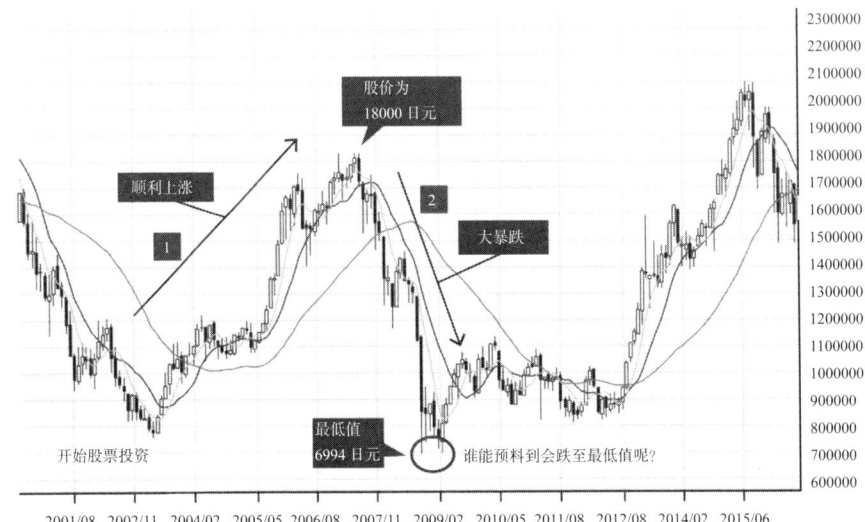

图表 4　股价暴跌 1 万日元以上（2001—2015 年日经平均股价的变化）

资料来源：会社四季報オンライン・高機能チャート（クォンツ・リサーチ株式会社提供）

购买股票，结果这些人中大多数都因为股票持续下跌而蒙受了不小的损失。

能否提前预知股价的暴跌并不重要，重要的是在市场发生不测之时尽可能降低风险、减少损失。

最近，越来越多的投资者使用网络证券公司发售的自动买卖系统的逆指值，将损失最小化。由此一来，股价下跌时，股价一旦开始转势，接下来的下跌便会加快，加速度也增大，以极为迅猛的速度向下跌的方向做加速运动。如果在股价大幅下跌之时只是优哉游哉地想着"股价会怎么变呢"或"不，股价一定还会回升的"而不采取任何措施，就会使自己的损失越来越大。

此外，股价下跌的程度是不一样的，您一点一点积累起来的利益极有可能在瞬间灰飞烟灭，而且风险管控不好的话，还会有离场的危险。

毫无疑问，技术分析也有失灵的时候。在股价暴跌的情况下，股价一变低，技术分析就会给出买进信号，这种失灵也是事实。

可是，如果能事先预测出暴跌等不祥事态发生的可能性，就至少能降低风险，避免一败涂地。

在熟练掌握技术分析之前，您或许会觉得有些麻烦，但如果此前您从未使用过技术分析，一旦试着使用，您的投资表现极有可能会有飞跃性的提高，您在股票市场的胜算也将大大提高。应该没有人会和增长的收益过不去吧。

用好技术分析，大家的股票投资会变得更加趣味横生。进一步讲，如果读者能够通过技术分析提高收益，这对作者而言无疑是最大的乐事。

请您一定要借此机会学会运用技术分析。对于想从股票图表的基础开始稳扎稳打学习的读者，请参考《股票投资的学校（入门篇）》。

横山利香

金融学习协会讲师、股票投资家

2017年3月

第1章

掌握技术分析的四大重点

第1节

理解股票图表含义

很多人或许并不知道，股价图是通过什么公式计算而来的。为了准确无误地使用技术分析指标，理解技术指标的含义是重中之重。

理解技术指标的意思

在网络证券公司开户可以了解股价动态。只要在电脑上登录网络证券公司系统，就可以看到股票图表了。由于图表会自动显示，因此使用起来十分方便。

但是，您知道该以什么标准在众多技术指标中选择适合自己的技术指标吗？

"K线图和移动平均线看起来简单些，我就用这两个技术分析吧。"

"金融杂志上写着很多人采用随机指标分析，那我也尝试着利用随机指标吧。"

或许有不少人像前面所说的，仅仅参考杂志内容或根据图表的难度来选择技术指标，分析股市。

股票世界的技术指标种类纷繁，在面临"该使用何种技术指标"

这一问题时，选取他人推荐的技术指标或者简单易懂的技术指标等本身并没有错。

但是，任何技术指标都有其特定的计算公式，而且这些公式还决定了每日股价图的大致框架。因此，重点在于了解该指标的计算公式以及所计算出的数值的含义。

这样一来——

"在何种情况下使用该指标才能有效发挥作用呢？"

"何时才是良好的买卖时机呢？"

"这是不是与自己的投资风格相匹配的技术指标呢？"

像这样的问题往往经过很长一段时间还得不到明确的答案。

基本掌握技术指标的计算公式，有以下三点好处：

（1）明白计算公式是如何体现股价的不同变化趋势的。

（2）掌握股票的买进、抛出时机。

（3）了解各项技术指标的使用背景。

如果了解技术指标的构成，就可以在脑海中思考今后股市的变动趋势，把握股市形势。

即便只掌握了股市的大致形势也没有关系，因为准确理解技术指标才是首要的。

> **！重点**
> - 理解技术指标的计算公式。
> - 通过计算公式，理解技术指标的含义。
> - 理解买进信号和抛出信号的含义。
> - 理解其为何成为买卖信号。
> - 理解何时才是使用指标的最佳时机。

第2节

技术指标分为两类

在技术指标中,有分析股价方向性的趋势派技术指标,还有分析股市过热程度的震荡派技术指标,应根据投资方法和股市行情区别使用这两种技术指标。

区别使用趋势派技术指标与震荡派技术指标

股票图表包括K线图、移动平均线图、一目均衡表、随机指标图、MACD指标等多种类型,所以,要找到适合自己投资风格和所买股票的技术指标,并没那么简单。

技术指标大致分为两种:可以分析股价的趋势即股价的方向性的"趋势派指标",以及能够分析股市过热程度即股票被超买或超卖的"震荡派(计算振幅)技术指标"。

一方面,在确定股价上涨(或者下跌)的基调时,应当采取趋势派技术指标;另一方面,在确定股价超买(或者超卖)时,要灵活运用震荡派技术指标。

这两种技术指标的使用方法并不相同,一定要注意使用时机和各自的重点，切莫混淆。

一般而言，股票买进有两种方法：一种是买进那些被预测将会继续呈上涨趋势的股票，也就是"顺势交易"。

另一种是买进那些被预测将反方向变动的股票，也就是"逆势交易"。

顺势交易利用了趋势派技术指标，相反，逆势交易则利用了震荡派技术指标。

使用趋势派技术指标和震荡派技术指标的目的各不相同，一定要充分考虑股票的趋势、个股的品种、股市的行情，在此基础上来判断"在当前的市场，使用何种技术指标最为合适"，这一点尤为重要。

一旦弄错了技术指标，很可能会导致产生许多错误的信号。如果正深陷于这种艰难的处境，很有可能就是因为使用了不合适的技术指标。

要再次确认自己的投资风格是属于趋势派还是属于震荡派，然后，根据自己的投资风格选择适当的技术指标。

想要知道自己属于何种投资风格，请参考本章第3、4节。

重点在于弄清技术指标的特性，并多加留心，结合股市行情，多日连续使用相关指标。

重点

趋势派技术指标（顺势交易时使用）

- 移动平均线
- 趋势曲线
- 布林带
- 一目均衡表

震荡派技术指标（逆势交易时使用）

- MACD
- 随机指标
- RSI
- 移动平均线乖离率
- RCI

第3节

针对顺势交易的趋势派技术指标

预测到今后股价将会上涨时,要采取"顺势交易"。在股价上涨过程中买进,最具代表性的便是"股票抄底"。对股票投资新手而言,这是比较简单的方法。

股票抄底:顺势交易的代表性交易方式

趋势派技术指标可以用来分析股价的方向性,即判断股价是上涨趋势、下跌趋势还是平稳的箱型(横盘)趋势。

在这里,我们以K线图、移动平均线图等股价图和一目均衡表等为代表的趋势派技术指标为例。股票投资的必胜模式是"股价低时买进,高时抛出",买进时价格与抛出时价格的差价便是您的收益(即资本利得)。

并非一个企业业绩好,它的股价就一定会上涨。除了国外股票市场的动向和外汇市场的动向,其他因素也影响着股价的浮动。因此,并非任何时候买进股票都能够有所收益。

股价处于上升趋势的股票,有可能会缓慢上涨触顶。相反,具有下降趋势的股票也有急速向下跌落的倾向。

对于股价呈上涨趋势的股票,投资者会认为股价将不断上涨从而加仓,后续股价也容易保持上涨趋势,所以具有上涨趋势的股票更易获取收益。尽可能在股价还比较低时买入股票的投资者往往获利更大。

像这样认为处于上涨趋势的股票今后还将继续上涨而买进某一只股票的交易方法就是"顺势交易"。因此,在具有上涨趋势的股价有些下跌时看好时机买进股票就叫作"股票抄底",而这种在抄底时买进股票的行为就是"抄底交易"。

顺势交易是指,投资者期待股价进一步上涨而买进了正处于上升趋势的股票,所以相对而言买进也比较容易,对初学者而言也是易盈利的交易方法。

来看抄底交易的一个实例。请看图表5,在股价上涨过程中,有一个转折点,此时股价有所下跌,在这个股价的低点上买进股票就是抄底交易。下图中的①②③都是股票买进的时机。

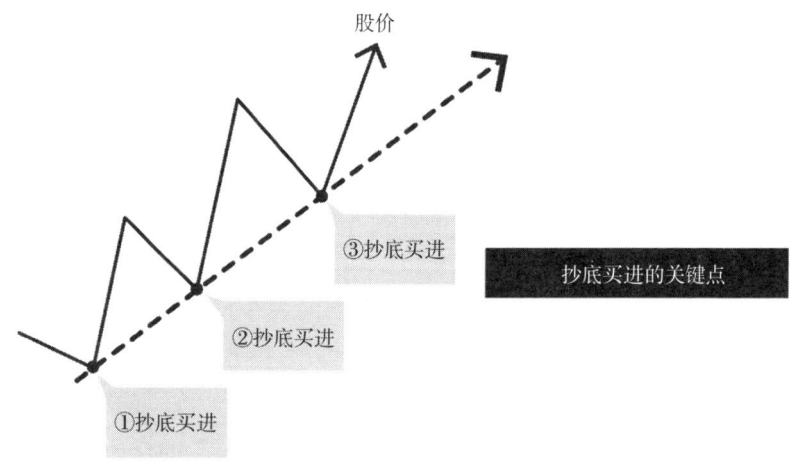

图表5　上涨趋势中抄底买进示意图

注意,以下两种方法可以找到股价抛出的时机:(1)设止损点,事先设定涨幅达到多少百分比时抛出;(2)股价触顶后跌落时抛出。

无论哪一种方式都可操作。不过,当股价处于上涨趋势时,人们往往会认为:"时机还早,股价会一路涨上去的。"而在股价下跌时,人们又会贪婪地认为:"股价一定会涨回去的。"最后很有可能错失抛出时机。难以判断股票抛出时机时,或刚开始进行股票投资,尚难以把握抛出时机时,采取方法(1)提前设定在涨幅达到多少百分比时抛出,就不会错失抛出时机,因此,这是个不错的选择。

通过股票图表确认顺势交易和抄底交易

具体如何操作,就让我们来看一看日经平均股价图,了解抄底交易的重点吧。观察图表 6 后,我们可以了解到 2014—2015 年 7 月股价呈中长期上涨趋势。

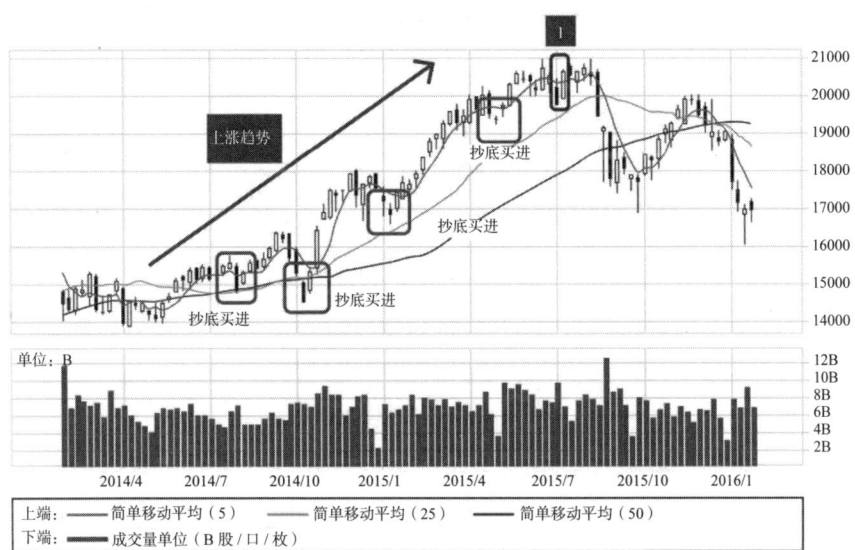

图表 6　抄底买进的关键(2014 年 2 月—2016 年 1 月日经平均股价)

资料来源:SBI 証券サイト画面

在这里，通过观察股价的变化，可知股价在上涨过程中有时也会有所下跌，股价并非始终处于直线上升状态。如此反复，在股价上涨过程中偶尔下跌的几个地方就称为"底"，在底部时买进股票的简易方法就是"抄底交易"。

股票抄底，是在股价处于上涨趋势时所进行的交易，因此，想要加仓或是看好的股票在上涨途中出现下跌时往往采取抄底交易。

需要说明的是，在利用股票抄底的办法进行加仓时，您所持的股数也会随之增加。

虽说是在股价回调时买进股票，但是此时买的话，股价往往会高于最初买进时的价格。买进后，所持股票的股价会被平均化，因此每股平均价格会有所上升。

这种抄底买进是一种相对而言比较能够获益的投资手法，但是也一定要留神，股价并非总是持续上涨，它一定会在触顶后跌落。

就算认为股价会进一步上涨而决定买进，也要考虑到会出现实际与预期背道而驰、股价下跌且难以止跌的状况。在这种情况下，已经错过了抄底交易的最佳时机，只能算是在接近上限时高价买进。

在图表6中，**1**处就是高价买进。投资者看到股价有所下跌，于是买进，然而之后的股价却走平，最后，由于2015年中国股市出现断崖式下跌，股价最终下跌。

如果股价没有进一步上涨，就不能称作"抄底买进"。即使是有上升趋势的股票，股价迟早也会转化为下跌趋势。正如先前所述，股价通常会有缓慢上涨的倾向；另外，它也会有加速下跌的趋势。

因此，在高价抄底买进时，一定要特别小心，因为人们并不知道股价何时就会转涨为跌。换言之，本来打着抄底买进的算盘，结果却是高价买进。

为了不蒙受损失，在抄底买进以后，要时常关注股价的上涨趋势是否发生了变化。一旦股价出现涨停前兆，应当考虑尽快出手，将股票抛出。

重点

股价呈上涨趋势时，顺势交易策略发挥作用。

在股票持续上涨时抄底买进，当趋势转涨为跌时则不属于抄底买进，故而需谨慎。

第4节

针对逆势交易的震荡派技术指标

股市出现超卖或超买的过热买卖时采取与趋势相反的交易方式就是"逆势交易"。这是在股价呈下跌趋势或股价变动方向不明显时进行的一种交易,因此关键在于稳妥停利。

超卖时买进,超买时抛出,乃获利之根本

除了上升趋势的股票,还有很多走势不明的股票。预期某些股票的股价会上涨,结果它们却下跌;预期某些股票的股价会下跌,结果它们却上涨。

在分析诸如此类趋势不明、没有什么方向的股票时,应当采取震荡派技术指标。

此外,如果想要分析一只股票是否存在涨跌过度等过热程度,震荡派的技术指标也是可行的。

震荡派技术指标能够分析股市的过热度及股票是否处于超买、超卖的水准。

在这里,我们以RSI和随机指标等典型的震荡派技术指标为例进

行解释说明。

通过使用这些技术指标,我们可以分析上涨的股价达到何种程度才属于超买,下跌的股价达到何种程度才属于超卖。

运用震荡派技术指标进行交易的方式被称为"逆势交易"。例如,某只股票的股价还在下跌,但您认为它势必会朝着与下跌相反的方向反弹＝具有上涨可能性,于是在这只股票被大量抛出的时候买进,这种方法就叫作"逆势交易"。从下跌趋势即超卖的状态中反转上涨,这被称为"反弹",这和减肥之后体重的反弹是一个意思。

一般而言,股价越是大幅下跌,其反弹后的涨幅也就越大。

但是,通常股价反弹并不意味着股价转为上升趋势,最多不过是在总体下跌趋势中的一次回弹。因此,股价反弹的时间段很有可能非常短。

接下来,请看图表7,您会对逆势交易有更直观的印象。

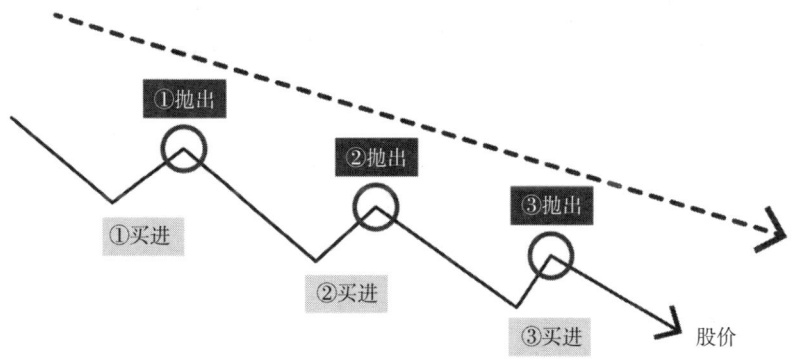

图表7 下跌趋势(逆势交易与反弹示意图)

这张图中所反映的股价总体呈下跌趋势,且股价一直在降。这只股票的股价将会持续下跌,直至触底。但是,股价也并非一直直线下跌,在短期内也会朝相反方向回涨。如果这时候看准股价上涨的时机,在股价大幅下跌的时候买进股票,且后续正如所料股价开始上涨,届时再将其抛出，这种办法被称为"抢反弹"（涨后抛出）。

观察图表7，找到并买进一只股价短暂上涨的股票似乎并非难事。然而说到反弹，股价的整体基调是在下跌的。如果错过了停利时机，股价很有可能会比买入的价格更低，从而遭受损失。

与顺势交易相比，逆势交易能在短期内盈利，所以最终成为逆势的股票买卖。但一般来说，在股价下跌趋势中逆向买进股票而获益是有难度的。

在进行逆势交易时，一定要加倍留意，不可错过盈利的最佳时机，而且一定不要过于贪婪。

通过股票图表确定逆势交易、反弹

让我们通过图表8来看一下逆势交易的重点。

观察图表8的股价图，我们可以知道，股价从2015年1月开始上涨，至2015年8月左右为界转为下跌。从图中我们还能看出，股价整体呈下跌趋势，在股价大幅下跌的过程中出现几次反弹，也就是图表8中用圆圈圈起的地方。这时股价的短期上涨就是"反弹"。"逆势买进"就是指股价处于这样的下跌大势时买进股票的交易方式。

逆势买进时需要注意的是，股价从总体来看呈下跌趋势。简单地说，就是在下跌的大趋势中，股价短暂回涨，即不会过度反弹，反弹结束后股价又将再一次变回下跌趋势。

因此，在进行逆势交易时，需要改变顺势交易的思维方法，不要再以股价将会长期上涨为前提进行思考。那些预先设定股价抛出标准的人，往往能够降低错过抛出时机的风险。

看过图表8后，我们可以清楚地了解到，多数情况下下跌趋势中的反弹时间段很短，一旦错过盈利的时机而没能及时抛出，转瞬之间就有可能遭受严重损失。

图表8　逆势交易是什么？（2015年1月—2015年10月日经平均股价）

资料来源：会社四季报オンライン・高機能チャート（クォンツ・リサーチ株式会社提供）

股价上涨往往很缓慢，而下跌时，投资者争先恐后地停利而抛出手中股票，所以股价将会以迅猛之势跌落，甚至有时候出手的价格比买进时的价格还低。所以，无论是买进还是抛出，逆势交易都比顺势交易难操作一些。

"涨跌幅总在这附近反转，这次一定也是在这附近反转"——怀着这样的想法买进了股票，结果股价不仅没止跌，反而继续下跌，以至于产生亏损，这种情况也时有发生。

还有人看准逆势成功买进股票，但却贪婪地认为"股价还会再涨"而不肯停利，最后也会遭遇亏损。

股价会持续跌到下跌趋势凸显的状态，如果在逆势交易时错过了停利，就会遭受更为严重的损失。为了避免陷入这种境况，一定要加强风险管理，设定逆指值等，及时停损和停利。

摊平操作时要做好最坏打算

当所持股票出现亏损时，继续买进下跌的股票（补仓）以摊低成本的方式叫作"摊平"。

进行摊平交易时买进的股票价格要低于最初买进时的股价，因此，此时买的股票越多，平均成本就越低。股数只有摊平时补仓才会有所增加。

请看图表9。

首先，我们以1000日元每股的价格买入100股。之后股价开始缓慢下跌，我们又以500日元每股的价格买进100股。此时，买进的单价就从1000日元降到750日元（1500÷2）。而我们的股数从100股增为200股。如果之后股价触底反弹，股价在高于750日元时我们抛出所持200股停利，就可以说我们的摊平成功了。

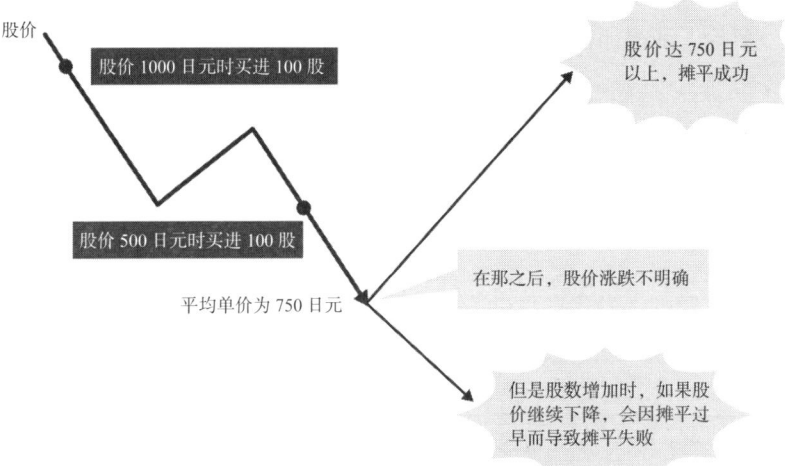

图表9 股票摊平是指什么？

然而，因为股价狂跌不止，损失往往像滚雪球一样越来越大，如果过早使用摊平交易的方法，很容易一败涂地。

摊平法能否成功，取决于补仓的时机与股数的多少。但如果没有多余实力补仓，那么就连上述摊平操作都行不通，只能眼睁睁地看着股价下跌。

进行摊平操作时，股价上涨的概率越高越好。要尽可能地看准下跌的"底"，然后进行顺势交易，这也不失为一个好的办法，而且在摊平时要尽可能多补仓，以摊低平均价格。

❗重点

- 股价处于下跌趋势时，逆势交易战略发挥作用。
- 瞄准反弹买进，短期持有后坚决停利。
- 所持股遭受损失时，可以进行摊平操作。
- 摊平操作的时机：在能确定止跌后操作成功率高。
- 摊平时股数越多成功率越高。

第 2 章

灵活运用趋势派技术指标

K 线图
移动平均线
格兰维尔法则
成交量分析
布林带
一目均衡表

第1节

K线图：股价动向一目了然

在股票交易过程中，股价始终在上涨与下跌的循环中不停波动。能够以图像表现其波动的便是K线图（阴阳烛图）。K线图的组合很简单，一定要牢记图表的含义。

牢记K线图的构成要素及组合

股价在交易过程中时而上涨，时而跌落，时而平稳，总之一直在变动。K线图就是表现交易过程中股价动向的简单易懂的图，表现内容包括股价达到多少时交易开始，达到多少时交易结束，以及股价上涨了多少，下跌了多少，等等。

接下来，让我们具体看一看K线图是如何构成的。请看图表10。

K线图正中间的四边形被称为"实体"。两端的实线称为"影线"（上影线、下影线）。实体表示开盘价和收盘价，影线表示最高价和最低价。

开盘价是指交易开始后第一笔成交的股票的价格，收盘价是指交易结束时最后成交的股票的价格。最高价是指这一交易日中出现的最高股价，最低价则是指这一交易日中出现的最低股价。

股价在开盘后上涨，最终结束时收盘价高于开盘价，在这种情况下，比起开盘价，收盘价以高价交易而结束。此时，K线图呈阳线，相反，如果股价的收盘价低于开盘价，那么K线图呈阴线。

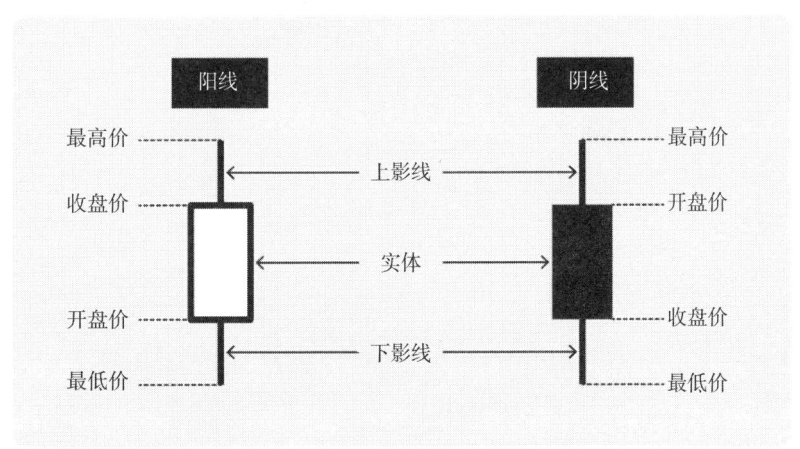

怎么看K线实体和影线

实体的大小	阳线 = 实体越长越强 阴线 = 实体越长越弱

影线的长短	影线的长度 = 表示有不确定的地方 需要结合成交量、最高价范围、最低价范围等分析

图表10 从K线图看股价动向

无论是阴线还是阳线，股价最高的地方就是影线的顶端，也就是最高价；股价最低的地方就是影线的末端，也就是最低价。

即使不看一天内股价的变动情况，只要看看K线图，就能够把握股价是上涨还是下跌了。

交易过程中，K线图的形状并不固定，始终处于变化之中。交易在15点结束，之后当天的阴阳烛（日线图）就定了下来，因此只需要在交易时间结束之后确认一次图表即可。

根据投资风格选择不同时间段的K线图

股票图表是通过K线图来表现一段时间内的股价动向的，股票交易日必然会出现K线图。从周一至周五，显示每一天股价变动的图表就是日线图，日线图表示每一天的股价变动情况。从周一到周五，以一周为单位显示股价变动的图表就是周线图。而比如像4月、5月，以月为单位表现股价动向的图表为月线图。并不是说只要使用其中一种图就足够了。请看图表11至图表13，很显然，周线图是由日线图构成的，月线图又是由周线图构成的。因此，可以通过长期股价图来了解股价长期变动趋势，通过短期股价图来了解股价短期变动趋势。这要结合您个人的投资风格，区别使用。

无论哪一种图表，都是由阴阳烛组成的。在日线图中，一天内的股价变动用阴阳烛来表示，周线图和月线图分别由一周和一个月的股价变动所构成。无论哪种时间段，以股价上涨而结束交易的日子越多，阳线阴阳烛就越多。这样一来，也就能够较为准确地把握股价的上涨趋势。相反，股价呈下跌趋势时，往往会出现较多的阴线，因此我们也可以利用这一点，把握股价是否处于下跌趋势。

顺便要说的是，在国外的网站中观看阴阳烛图时，选择"Candlestick（随机指标）"即可。

最起码要记住具有代表性的阴阳烛

说到阴阳烛的构成，实体和影线是必不可少的部分。阴阳烛表现了股市当下的行情，只有实体或只有影线的阴阳烛也可以做到这一点。

实体大，则是股价上涨（下跌）的一种体现，由此可以判断股价的涨（跌）势之强。而实体越小，则可以判断股价几乎没有变动，上

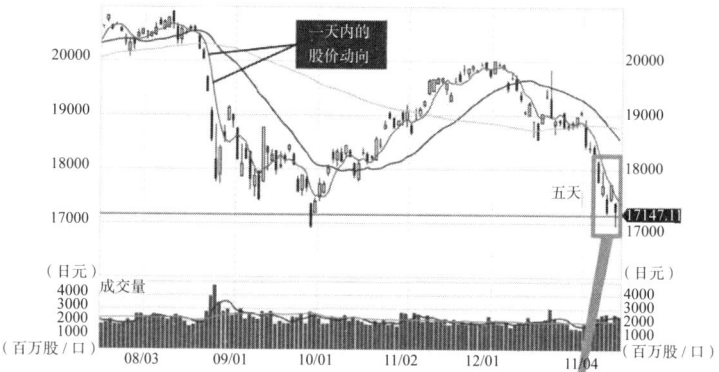

图表 11　日线图

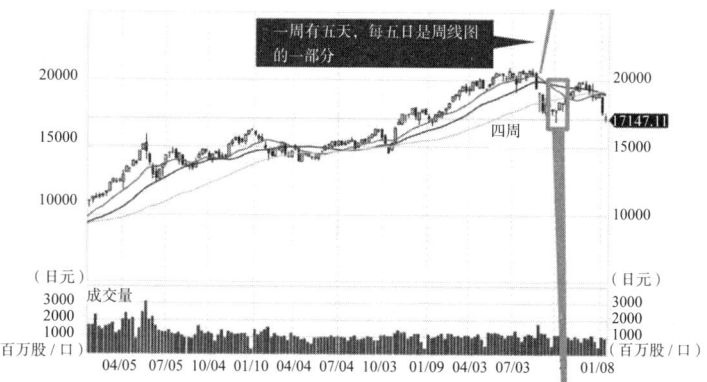

图表 12　周线图

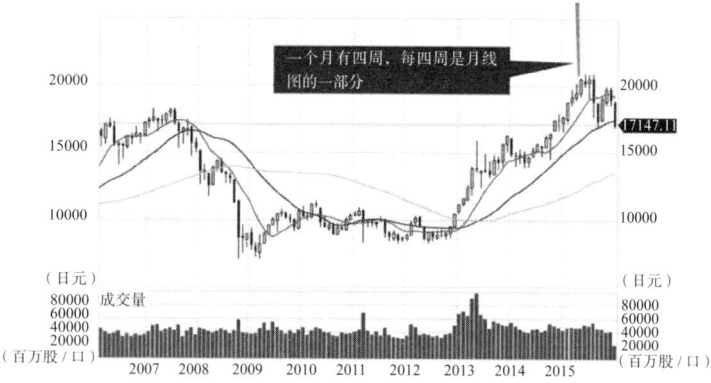

图表 13　月线图

资料来源：SBI証券サイト画面

涨或下跌态势较弱。

此外，有的阴阳烛只有影线而无实体，被称为"十字线"，这是由于开盘价与收盘价一致所导致的（参见图表14）。买方与卖方势力均衡，因此开盘价与收盘价相同。这也使人不知股价将会如何变动。

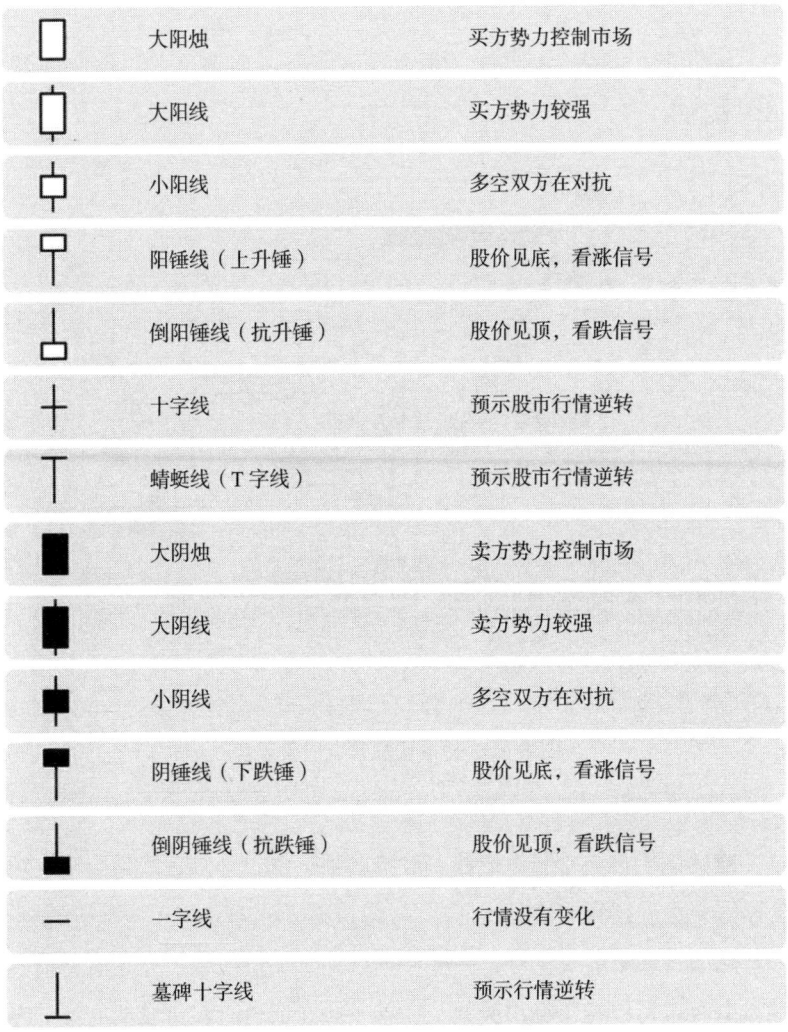

图表14 代表性的阴阳烛类型

一般而言，如果出现了十字线，或者上下影线中上影线偏长或下影线偏长，说明股市中的"顶""底"转势点很多。如果股价图上出现了这种情况，要多加注意，观察股价是否有变动。

通过实际图例巩固一下K线图知识

接下来，请结合日经平均股价图来了解阴阳烛呈现的各种状态。见图表15。

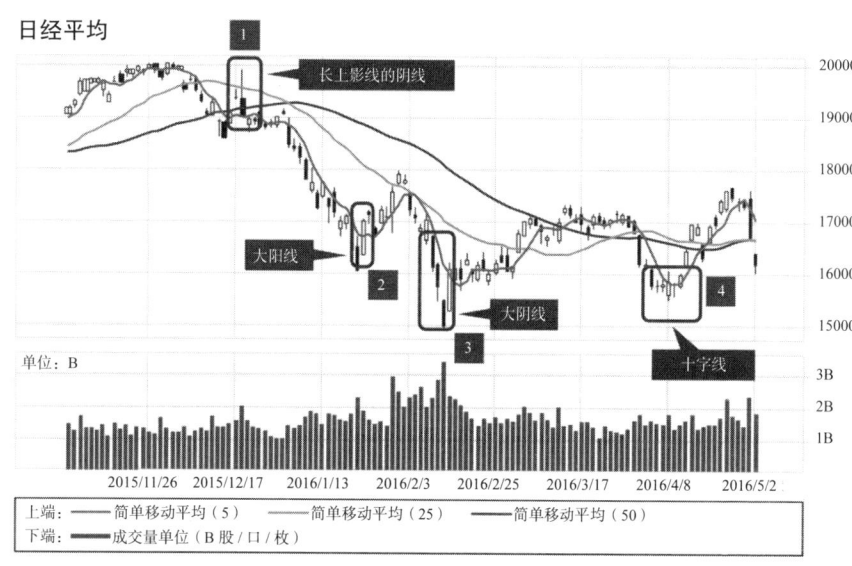

图表15　用阴阳烛掌握股价趋势

资料来源：SBI証券サイト画面

❶的阴阳烛有着长上影线。股价触顶下跌，一旦止跌就会出现短暂回涨＝触底反弹的情况。

然而，如果股价上涨，一些原本以高价买进股票、存在潜在损失的投资者就可以转手抛出股票，还有一些在低价时买进股票的投资者就可以盈利。

一定有很多人想着"还是早早把股票脱手吧"。于是，在股价反弹时人们蜂拥停利。看到这种情况，投资者抛出的股票越来越多，股价也就越来越低。结果，就像图中显示的那样，这次交易以长上影线阴线的形式结束了。

此外，股价上涨，股市大局已定时，常常会出现**2**这样的大阳线。这种大阳线也曾出现于股价下跌至止跌，即所谓的低价圈中。股价的趋势呈短暂的转变，转跌为涨。大阳线出现后，证明股价的上涨态势强劲，因此，我们也就能理解为什么许多投资者看到大阳线后心情从悲转变为喜了。

恐慌性抛售是指成交量剧增，股价触底

股价在下跌的过程中，往往会出现像**3**这样的大阴线。大阴线的出现，预示着股价下跌的态势强劲。如图表所示，低价圈中出现大阴线时，股价将会进一步下跌。不难想象，投资者将争先恐后地出售手中的股票，最后甚至可能陷入大规模抛售的境地。

股市的最后，像这样抛售股票的现象并不少见。花高价买进股票的投资者纷纷将手中的股票抛售，成交量剧增，股价由高到低反转的情况时有发生。一般而言，成交量急剧上涨的同时股价跌至触底的现象被称为"恐慌性抛售"。

4是股票在低价圈触底反弹的时机。这时，我们能看到同时出现了很多个十字线。股价会转跌为涨吗？或者将进一步下跌？其走向究竟如何……这一系列问题困扰着投资者，于是买进与抛出的各种交易相互交错，因此才会有许多十字线同时出现的状况。

看过股价图后，即便没有确认一天内股价的动向，也不必担心，因为在一个个节点处也常会有表现股价强弱趋势的阴阳烛出现。交易结束后，一定要确认好在不同股价水平时阴阳烛的不同形状，在分析第二天之后的股价变动时，可以作为参考。

> **!重点**
> - 有些阴阳烛易出现在股价的顶部与底部。
> - 看阴阳烛大致掌握股价形势。
> - 牢记代表性的图形。
> - 牢记阴阳烛的组成。
> - 通过阴阳烛解读投资者的心理。

第 2 节

移动平均线：了解股价趋势

移动平均线用曲线来表示一段时间内股价的变动趋势。它迟于股价变动，通过线的方向性表现股价的趋势。只要看移动平均线，就能明白股价的趋势，因此适合新手使用。

尝试理解移动平均线的计算公式

移动平均线，英文为 Moving Average，是将日、周、月等一定时期内的股票价格加以平均，并把不同时间的平均值连接起来，形成一根 MA 曲线，用以观察股票价格的变动趋势。

移动平均线常用线有 5 天、25 天、50 天、75 天的日均线股价图以及 13 周、26 周、52 周的周均线股价图和 9 个月、24 个月、60 个月的月均线股价图。

移动平均线的计算公式如下。

移动平均线的计算公式（5 日移动平均线）

5 日移动平均线 = 过去 5 日内收盘价之和 ÷ 5 日

正如公式中所演算的那样，将某一时间内的收盘价相加，得出总和，再除以时间，就能得出移动平均线的数值，非常易懂。

比如，要计算第 5 天的移动平均线，就要先将包含当天在内的 5 天的收盘价相累加，再除以 5。5 日移动平均线就是包含当天在内的过去 5 天内的股票收盘价加以平均后连成的一条线。

举例来说，25 日移动平均线比 5 日移动平均线所累计的天数长，因此在曲线图中，也要比 5 日的更平缓一些。这也说明，比起 5 日移动平均线的变动，25 日移动平均线的变动看起来更慢且态势更缓。

计算平均值的时间段越长，曲线的运动就越平滑。因此，长期移动平均线比短期移动平均线更平缓，变动更为缓慢。长期移动平均线的时间段越长，曲线越平缓，表现了股价的长期趋势。

此外，由于移动平均线是包含当日在内的过去一段时期内的收盘价的平均值，所以这个数值是跟在股价后方运动的。股价上涨的话，跟在股价之后的移动平均线也呈上升姿态；股价下跌的话，跟在股价之后的移动平均线也呈下跌姿态。短期的移动平均线由于天数少，分母小，故而接近于股价。移动平均线的时间段越长，股价越加偏离移动平均线。

图表 16 为实际日经平均股价的日线图。

最接近阴阳烛的那条线就是 5 日移动平均线，紧挨着 5 日移动平均线的是 25 日移动平均线，离得最远的是 50 日移动平均线。

无论是周线图，还是月线图，移动平均线的算法都是相同的。因此移动平均线的时间越短，公式中的分母就越小，就越接近阴阳烛。

对买卖时机的判断，可参考黄金交叉和死亡交叉

如图表 16 所示，移动平均线指标图显示了不同时间段内的股价线。随着股价的变动，移动平均线也有所不同，有时移动平均线也会

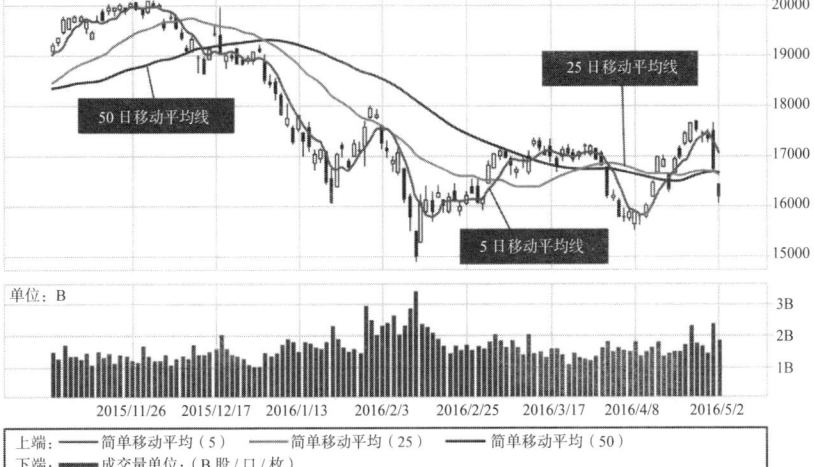

图表 16　常见的移动平均线种类

资料来源：SBI証券サイト画面

交叉。当移动平均线交叉时，我们可以由此来分析股票的买卖时机。

具体来说，两条移动平均线相交时，我们可将其分析为"买进信号"或是"抛出信号"。此时买进信号又被称为"黄金交叉"，与之相反，抛出信号又被叫作"死亡交叉"。

图表 17 就是黄金交叉与死亡交叉的示意图。作为买进信号的黄金交叉，短期移动平均线由下而上穿过长期移动平均线。通常，我们把这种情况称为"买进时机"。

举例来说，若 5 日移动平均线由下而上穿过 25 日移动平均线，形成黄金交叉，我们就可以认为出现了买进信号。如图表 17 所示，黄金交叉一般出现在低价圈内。

相应地，标志抛出信号的死亡交叉，一般被称作"抛出时机"。此时短期移动平均线由上而下穿过长期移动平均线，形成抛出信号。

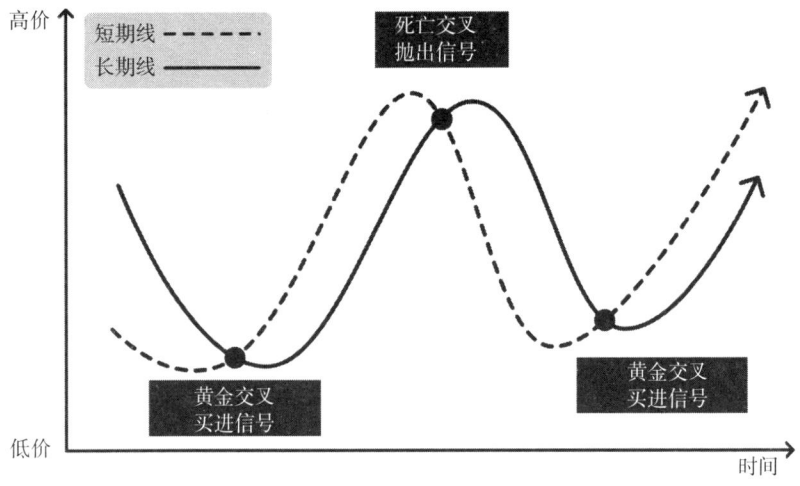

图表17 黄金交叉与死亡交叉示意图

比如，当5日移动平均线由上而下穿过25日移动平均线后，呈死亡交叉，我们就可以认为此时出现了抛出信号。正如图表17所示，黄金交叉出现后经过一段时间，股价会上涨，也就是说当股价在高价圈内时，往往会出现死亡交叉。

通过股价图来看黄金交叉与死亡交叉

让我们通过实际图例来进一步巩固黄金交叉与死亡交叉的知识。请看图表18。

正如股价图所示，短期移动平均线自下而上穿过长期平均线后出现黄金交叉，此时股价往往出现上涨。（❷处）

相反，由于死亡交叉出现时短期平均线自上而下穿过长期移动平均线，股价出现下跌，所以为抛出信号。（❶处）

通过观察股价图，就可以分析移动平均线上出现的买卖信号，其特征为便于理解。

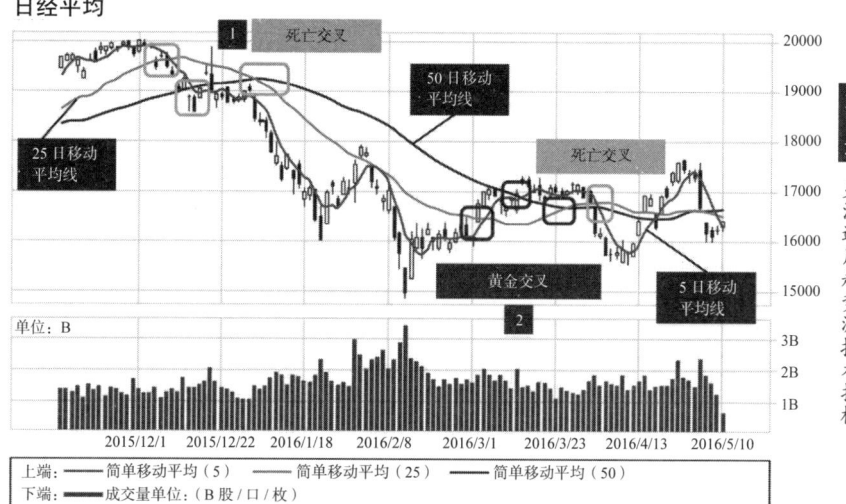

图表18 黄金交叉与死亡交叉的典型状态

资料来源：SBI証券サイト画面

但有时候，股价图上黄金交叉与死亡交叉出现之前，股价就已经上涨或下跌了。注意看 1 处，股价高的时候，短期移动平均线在相对较早的阶段就已经出现死亡交叉（图中第一处方框）。在那之后，随着股价下跌，长期移动平均线也出现了死亡交叉（图中第二处方框）。在这种股价趋势长期持续的情况下，可以说买进信号和抛出信号同时发挥着作用。

但是，像 2 这样，在股价趋势并未长期持续的情况下，黄金交叉出现后，死亡交叉也迅速登场。短期移动平均线也就罢了，若是长期移动平均线出现了买进信号，投资者就按捺不住而去购买股票，届时很有可能会由于股价高于死亡交叉时的价格而受损。

在前面介绍计算公式时我们已经解释过了，移动平均线是根据当日的收盘价计算而来的，因此，它是晚于实时股价的。也正是出于这个原因，买进信号和卖出信号也会相对出现得较迟，移动平均线中买进信号和抛出信号出现时股价已经转势这种情况也时有发生。在运用黄金交叉与死亡交叉进行分析时，一定要预先考虑到这一点。

> **❗重点**
> - 运用移动平均线的走向了解股价大致趋势。
> - 不同时间段的移动平均线相交时，会出现买卖信号。
> - 移动平均线的变动晚于实时股价。
> - 时间段越长，长期移动平均线的曲线越平缓。

第3节

运用格兰维尔法则分析买卖时机

股价如同被移动平均线所吸引，在上涨与下跌之间循环往复。能够利用股价与移动平均线之间的位置关系来分析买卖信号的便是格兰维尔法则。

在实际交易中熟练掌握买进与卖出法则

通过股价与移动平均线的位置关系来分析股票买卖时机的法则就是格兰维尔法则。

股价容易被移动平均线吸引，所以，从移动平均线与股价的位置关系可以得出以下八个与买进和卖出相关的法则。请看图表19。

股价位于移动平均线下方且大大偏离移动平均线时，有可能会被上方的移动平均线吸引，因此此时正是买进时机。买进法则一般是以移动平均线的上升趋势为前提。此外，移动平均线上升，而股价下跌，这也是买进的信号。也就是说，可以将其看作股价上升趋势时的抄底交易。

首先，请观察图表20中股价与移动平均线的位置关系，这个图表分别说明了买进法则的四大要点。

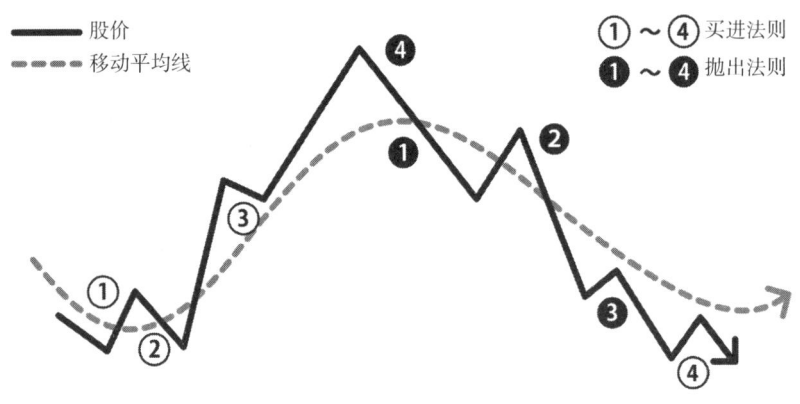

图表 19　格兰维尔八大法则示意图

项目	图例	说明
买进信号①		移动平均线从下跌到走平，或是转跌为涨时，股价从移动平均线下方向上突破移动平均线
买进信号②		移动平均线处于上涨趋势，股价从移动平均线上方向下突破移动平均线
买进信号③		移动平均线处于上涨趋势，尽管股价下跌至移动平均线附近，但并未穿过移动平均线就转跌为涨
买进信号④		股价位于呈下降趋势的移动平均线下方，向上突破失败，转为大跌

图表 20　格兰维尔法则（买进法则）

通过实际图例掌握四大买进法则

具体情况如何,请让我们从 25 日移动平均线和股价的位置关系出发,通过软银集团(9984)股价图(见图表 21),来掌握格兰维尔四大买进法则。

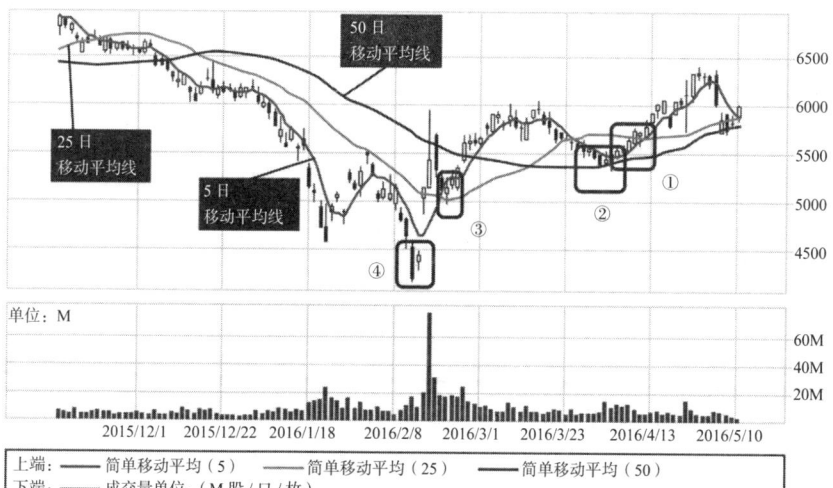

图表 21　通过实际图例掌握格兰维尔买进法则

资料来源:SBI 証券サイト画面

首先,④处表示股价大幅偏离 25 日移动平均线并继续下跌。像这样,在股价大幅度偏离移动平均线的情况下,无论股价接下来被哪一条移动平均线所吸引,其结果都是股价上扬,这就是买进法则④。

在③处,股价还没有跌破 25 日移动平均线就止跌了。像这样,在上涨趋势中,股价没有跌破移动平均线就止跌的情况,就是买进法则③。

在②处,股价向下突破 25 日移动平均线。在上升趋势中,股价自上而下突破移动平均线的情况,属于买进法则②。

最后,在①处,虽然股价最开始低于 25 日移动平均线,但又再次向上突破了有走平苗头的 25 日移动平均线。这种情况下，股价向上突破移动平均线的现象就是买进法则①。

通过实际图例掌握四大卖出法则

接下来请参考图表 22 中股价与移动平均线的位置关系及说明，掌握格兰维尔卖出法则的四大要点。卖出法则基本上是以移动平均线处于下跌趋势为前提的。尽管移动平均线下降，但是股价处于上涨现象，所以出现抛出信号，也就是说，它是下跌趋势中的逆势交易，行情回升后投资者就脱手。

项目	图例	说明
卖出信号 ❶		移动平均线由上涨改为盘局或下跌时，股价从移动平均线上方向下跌破移动平均线
卖出信号 ❷		移动平均线处于下跌趋势，股价在移动平均线下方移动，并自下而上突破移动平均线
卖出信号 ❸		移动平均线处于下跌趋势，股价在移动平均线下方移动，股价开始上涨，涨到移动平均线附近，但并未突破，转而又下跌
卖出信号 ❹		移动平均线处于上升趋势，股价在移动平均线上方移动，股价下跌时未跌破移动平均线便再次上涨并远离移动平均线

图表 22　格兰维尔法则（卖出法则）

即便股价位于移动平均线上方且远离移动平均线，但总归会被移动平均线吸引下来，这就是卖出法则。

下面让我们从 25 日移动平均线和股价的位置关系出发，通过索尼集团（6758）的股价图来掌握格兰维尔四大卖出法则。请看图表 23。

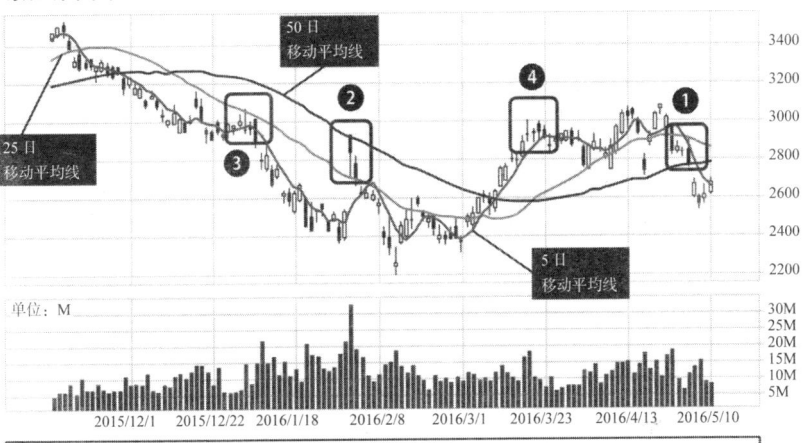

图表 23　通过实际图例掌握格兰维尔卖出法则

资料来源：SBI 証券サイト画面

首先，关于卖出法则❸：股价在 25 日移动平均线下方移动，并朝着 25 日移动平均线的方向上涨，但没有突破移动平均线就转向下跌。像这样，股价在下跌趋势中没能突破移动平均线的情况，就是卖出法则❸。

卖出法则❷：股价突破 25 日移动平均线。像这样，股价在下跌趋势中暴涨直至突破 25 日移动平均线的情况，就是卖出法则❷。

卖出法则❹：股价暴涨且远远偏离 25 日移动平均线。像这样，股价上涨远远超过 25 日移动平均线的上涨幅度的情况，就属于卖出法则❹。

卖出法则❶：股价下跌，且跌破 25 日移动平均线。像这样，股价在下跌趋势中跌破 25 日移动平均线的情况，就属于卖出法则❶。

如图表所示，若能用好格兰维尔八大法则，就可以从股价与移动平均线的位置关系分析买卖时机。如果在股价越涨越高时还认为它会继续上涨而花高价买进，就很有可能会错失卖出时机。如果您是一个非理性投资者，那么格兰维尔法则或许可以成为您在股票交易时的一个不错的参考。

> ❗ **重点**
> - 格兰维尔法则通过股价与移动平均线之间的位置关系来分析买卖时机。
> - 买进法则与卖出法则分别有四个。
> - 买进法则以上涨趋势为前提。
> - 卖出法则以下跌趋势为前提。

第4节

成交量分析：把握股市形势

表现股票交易进行到何种程度的就是成交量。通过观察成交量的变化，能够明了股价是处于强劲状态还是处于疲软状态，还能推断出股价今后将会如何变动。

通过成交量的变化分析投资者的心理

买方和卖方同时存在时，股票交易才能成立。成交量图是体现一定时间内某只股票的交易人数的图表，成交量也叫买卖量。

一般而言，受欢迎的股票买卖人数也多，所以其成交量也随之增加。相反，一只不受欢迎的股票，买卖人数少，其成交量也因此而减少，这种情况也可以叫作"冷淡"。通过对成交量的观察，可以看出股市行情，大致把握股市趋势。

通常情况下，当股市行情上涨时，会有越来越多的投资者认为"股价会一路看涨"，于是股市上的买进欲望旺盛。买进欲望强，股票的交易数量就会不断增加，成交量也相应增加。成交量逐渐增大反映了市场正处于活跃状态，也可以说此时股票行情良好。

反过来，当股市行情下跌时，会有越来越多的投资者认为"股价可能还会降，要适当停手"。由于越来越多的投资者持有"股价正在下跌，等一等再说"等观望态度而保守交易，股市的购买欲望下降，成交量也就减少了。

股价与成交量之间有以下几种关系：

（1）先见量后见价；

（2）量价同步；

（3）先见价后见量。

（1）所提到的先见量后见价和（3）所提到的先见价后见量这两种情况，可能是股价处于长期低迷状态时的少量成交，也可能是股价在一点点下跌时的少量成交。

另外，（2）所提到的量价同步的情况往往还涉及第4章中提到的几种股价突破时机。一般来说，股价突破既有趋势时，成交量也会增大。

此外，一旦股价大幅度下跌，越来越多的投资者会认为："股价不是已经触底了吗？"股价随着成交量的变化而止跌，结果这样的情况反复出现，股民看不清到底在何处触底，最终股价随着成交量的变化而触底，这种情况被称为"恐慌性抛售"。

另一方面，股价大幅上涨时，认为"股价一定会升值"的投资者不断增多，同时，认为"还会再涨"的投资者也不断增多，于是成交量放大。股价趋势反转，如触底时一样，不过此时随着成交量的增多，股价触顶反跌。

如上文所述，股票的成交量可以反映投资者的心理状态，所以，由成交量的变动可以看出今后股价的动向。要时时检查图表中成交量是否出现变化，这一点极为重要。

成交量的增减影响股市趋势

请看图表24，了解三菱UFJ金融集团（8306）股价图中的成交量。

成交量图附于下方。

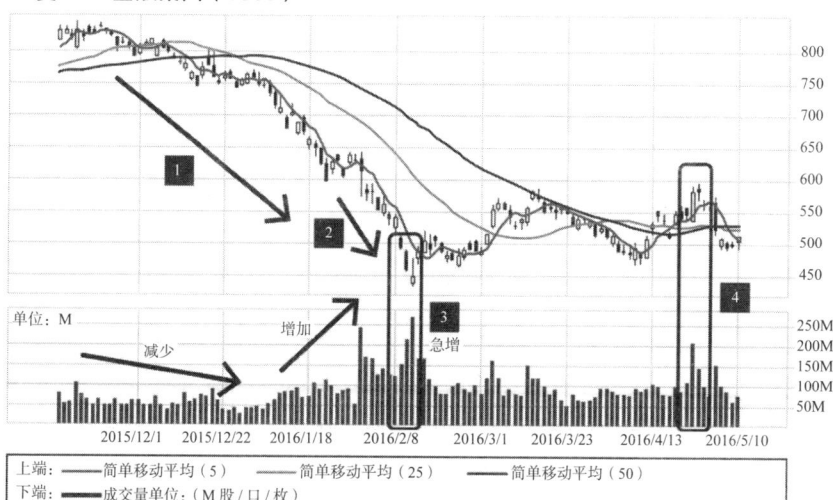

图表24　股价趋势与成交量的关系

资料来源：SBI証券サイト画面

由图表可知，股价在2015年末处于下跌趋势。在股价下跌的 **1** 处，思考股价将会何时止跌的投资者人数逐渐增多，故而成交量出现渐渐减少的倾向。

但是，股价止跌后又在 **2** 处继续下跌，成交量却逐渐增加，股价出现逆转。因为此时的股票价格比 **1** 时还低，又有很多投资者认为"此时买进更划算，股价也该止跌了"，于是成交量增加。

到了 **3** 时，股价触底，认为"股价眼看着离触底越来越近了"的投资者剧增，同时，认为"股价再这么跌下去可就赔大了，现在要止损"的投资者也不断增加，换手活跃，成交量增至最大，出现"恐慌性抛售"现象。

再来看股价上升的 **4** 处，认为"股价还有上涨潜力"的持股者越来越多，于是市场活跃，股价伴随着成交量的增多而触顶。

2 处的股价尽管下跌，但是距离触底还有一段距离，而总体上成交量在缓缓增加，越来越多的投资者见到这一情况后认为股价已经达到较低水平。

相反，**4** 处股价上涨，成交量剧增。即使是在 **3** 处这一恐慌性抛售的情况下，看到成交量明显增多，也可以推断出股价有触顶（或者突破波动区间、触底）的风险。

成交量是反映投资者心理的技术指标，要时时检查成交量是否有所变化，这一点非常重要。

> **! 重点**
> - 成交量低，标志着股票交易少。
> - 成交量高，标志着股票交易多。
> - 随着成交量的增多，股价会呈触顶或触底倾向。

第5节

布林带：90%的股价在布林带内

布林带是一种通过股价过去的变动幅度来判断当前股票位于何种水平的技术指标。它属于趋势派技术指标，但同时也可以作为震荡派技术指标发挥作用。

往往九成以上股价都在布林带内

布林带是趋势派技术指标之一。布林带由移动平均线和标准差构成，正中间的移动平均线（25日移动平均线）称为"中轨线"。以中轨线为中心，上下遍布5条（或是7条）线。

请看图表25。

图表中上下共有5条（或7条）线，以中轨线为中心，上方为正线，下方为负线。从中轨线依次向外排列，分别为 ±1σ，±2σ，±3σ。

通常，股价在 ±2σ 波带中穿行的概率达95%，在 ±3σ 波带中穿行的概率达99%。虽然这是通过对过去的股价趋势进行计算而得到的结果，不能说股价绝对会在这个波带范围内穿行，但股价超过 ±3σ 范围这种极端事件，不太具有设想意义。

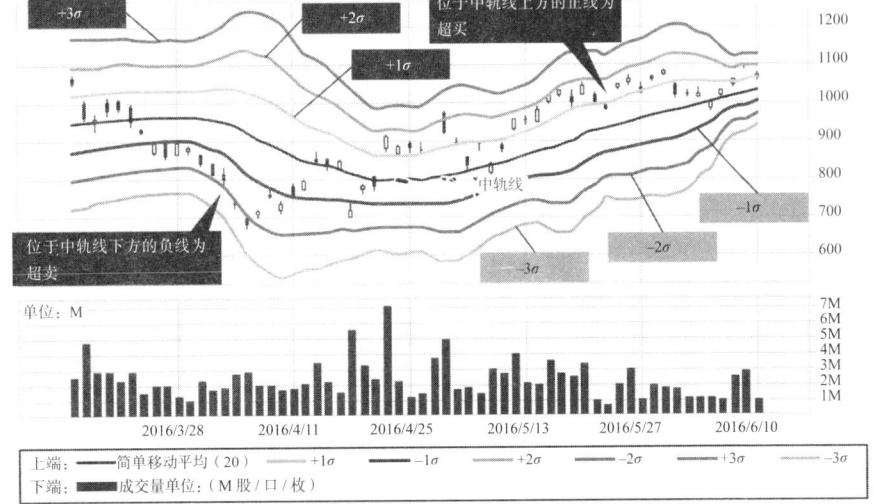

图表 25　布林带的组成

资料来源：SBI 証券サイト画面

此外，标准差是统计用语，用来表示一个数据集的离散程度。标准差的离散程度用 σ 表示。

通过股价与中轨线的位置关系发现股市的过热程度

如前文所述，股价有很大的概率会在以布林带正中间的中轨线为中心的波动区间内变动。因此，股价会偏离中轨线上下穿行，最终回归到中轨线附近。

股价从中轨线处开始变动至正值（上方），越靠近 $+2\sigma$，越会出现超买现象。相反，当股价在负值处时，股价越靠近 -2σ，越容易出现超卖现象。

通过分析可以得知，当股价在中轨线下方变动时，越靠近 -2σ，越容易出现超卖现象，也就越接近于买进时机。相反，当股价在中轨线上方变动时，它越接近 +2σ，就越容易出现超买现象，同时也就越接近于抛出时机。正因为如此，我们可以将其视作逆势交易的信号。

通过实际图例了解布林带

请通过图表 26 了解布林带的具体区间分布。股价图中所显示的布林带以中轨线为中心，上下拓展到 ±3σ。

请看图表 26，股价没有超出 ±3σ 的范围。但我们可以看到，股价在 1 处超出了 –2σ。接着，在 2 处，股价超出了 +2σ。三个月中，仅有两次股价偏离 ±2σ，所以说，股价偏离布林带的 ±2σ 或者 ±3σ 的范围的概率非常小。

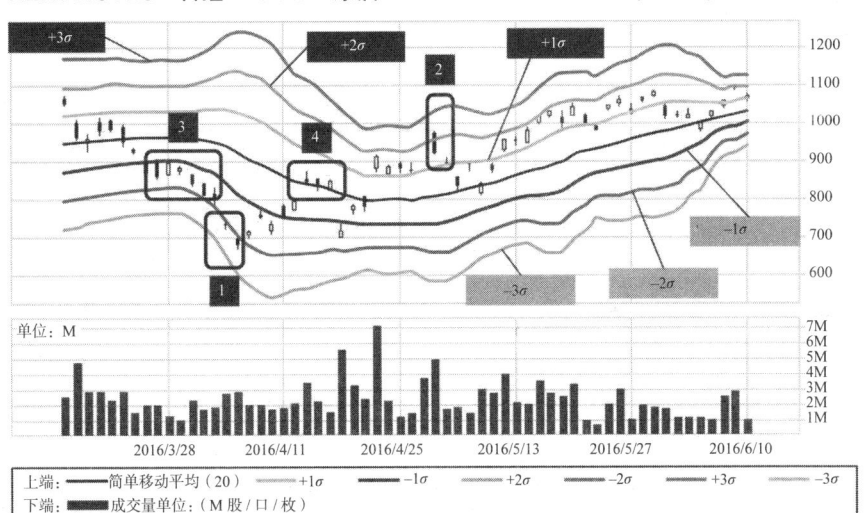

图表 26　通过布林带判断超买超卖

资料来源：SBI 证券サイト画面

首先，我们可以看到，1 处股价位于中轨线下方，由此可以判断，股市处于超卖状态，这时候股价可能会向上或者向下反转，所以可以断定，这是逆势交易的买进信号。

接下来可以看到，**2**处股价突破布林带并位于布林带上方，可以推断股市处于超卖状态，这时候有可能会因为抛出的增加而出现股价下跌的现象，所以可以推断此时应及时停利或等行情回升后脱手。

在**1**和**2**这种情况下，逆势交易信号发挥着显著作用，但这并不是说，无论何时逆势交易信号都能准确无误，这一点需要格外注意。

3处股价接近-2σ，从逆势交易的角度来看这正是一个买进信号，但在那之后，股价就下跌了。也就是说，并不是股价下跌至-2σ后就一定会转跌为涨。

还有，在**4**处，股价稍微超过中轨线，再一次下跌。换言之，即使股价超过中轨线，也未必能一直上涨到$+2\sigma$附近，这一点需要格外留心。

布林带带宽一定时，称为布林带"挤压"

为什么逆势交易信号并非总是有效呢？请看图表27，让我们了解布林带的整体效果。

从图表中可以看到，布林带的带宽有时宽，有时窄，有时变为横向，有时倾斜……总而言之，布林带的宽幅和方向处于变动之中。

布林带的带宽和走向是在不断变化的，所以，若能掌握布林带的变化，就能掌握股价的变动趋势。一般来说，股价的变动幅度小，或者股价在一定范围内变动时，布林带的带宽往往就变窄，出现股票箱体推移，这种状态被称为"挤压"。

在布林带处于挤压状态时，布林带自身起到了上限阻力线（resistance line）和下限支撑线（support line）的作用。具体来说，股价横盘整理时，布林带充当逆势交易信号。股价接近-2σ，出现买进信号；接近$+2\sigma$，出现卖出信号。

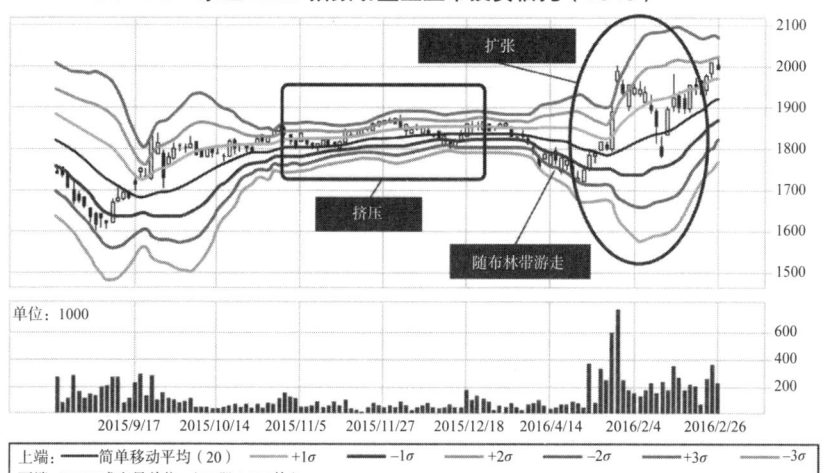

图表 27　从布林带宽幅与方向把握股价趋势

资料来源：SBI 証券サイト画面

横盘整理的股价会穿过布林带的上方或者下方，一旦穿过，股价很有可能会转势。换句话说，一旦股价突破布林带的上下区间，就很有可能产生新的趋势。

布林带带宽变大时，称为"扩张"

股价变动大时，布林带的波带就会变大，接着形成一种股市趋势，这就叫作"扩张"。股价朝布林带扩张方向产生变化，称为"随布林带游走"。需要注意的是，当股价产生一种趋势时，使用布林带并不是说要把它当作逆势交易的信号。应该根据新的股价趋势进行适当的交易，这一点非常重要。

举例来说，当股价产生一种新的趋势，如股价呈下跌趋势时，布林带可以作为逆势交易的信号，此时应该买进。

布林带的计算公式

> 中轨线：简单移动平均线 = 过去 N 日的移动平均线
>   （通常为 20 日移动平均线）
> 上轨线：简单移动平均线 + 2 × 标准差（σ）
> 下轨线：简单移动平均线 - 2 × 标准差（σ）
>
> 标准差 = {（时间段 × 时间段内收盘价的平方之和 - 时间段内收盘价之和的平方）÷ [时间段 ×（时间段 -1）]}$^{\frac{1}{2}}$

但是，股价通常会一边沿布林带游走一边下跌，所以这时买进股票的话，股价持续下跌，很有可能造成损失。也就是说，当股价处于下跌趋势时，不应该轻易买进。

布林带收缩（挤压）时，股价趋势不明朗。很多投资者将视线集中在今后股价会如何变动以及股价的趋势上。股价的趋势如何，只有等到股价真正变动时才能知道。所以关键在于，要将布林带与其他技术指标结合使用，再分析买卖时机。

❗ 重点

- 股价在布林带外侧属于极端情况。
- 布林带通常起着上限阻力线和下限支撑线的作用。
- 布林带收缩时，股价很可能呈箱型推移，此时布林带常常作为逆势交易的信号。
- 布林带扩大时，很可能产生新的趋势，因此要注意根据股价趋势采取适当的交易。

第6节

一目均衡表：通俗易懂

一目均衡表作为日本最早的技术指标，是由一目山人（笔名）独创的。一目均衡表由转换线、基准线、先行带1、先行带2和迟行带共计5条线构成。

牢牢记清构成一目均衡表的各条线

一目均衡表是K线图之外的另一种表现股价的图表，由转换线、基准线、先行带1、先行带2和迟行带共计5条线构成。每条线是如何计算出来的呢？请参考下面的计算公式。看过计算公式后，也就明白了为什么一目均衡表有这么多条线。

一眼看过去，一目均衡表因为线太多而显得有些复杂。但是，一目均衡表的优势在于它是对时间进行分析，这一点与其他技术指标有所不同。

请看图表28，首先来了解一下各条线的含义。

距离股价最近的线就是转换线，紧随着转换线移动的就是基准线。在图表中，出现最晚的就是迟行带，因其计算出来的数值是包含当日

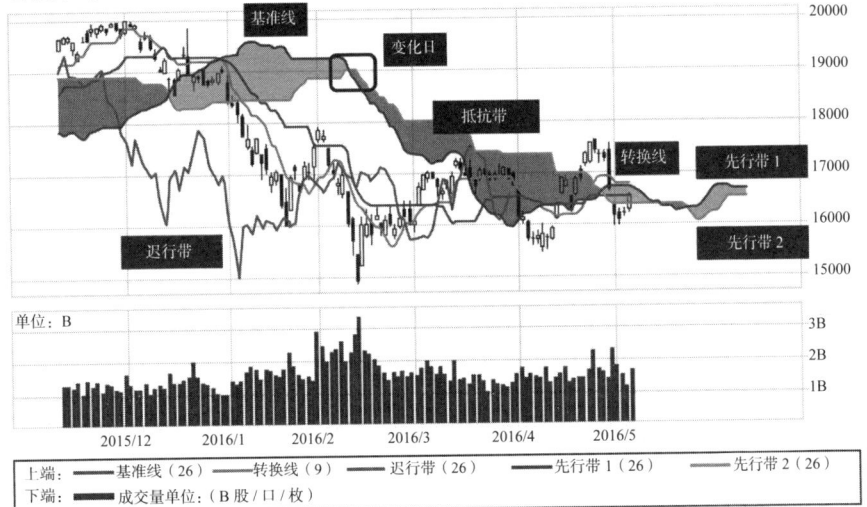

图表 28　一目均衡表的构成

资料来源：SBI 証券サイト画面

在内的 26 天的数值。在股价图中，灰色的一片区域（先行带 1 与先行带 2 两条线之间的区域）叫作"抵抗带"，也叫作"云带"。

构成云带的先行带 1 和先行带 2，是早于实际 26 天（含当天在内）

一目均衡表计算公式

> 转换线 = 当日在内过去 9 天内的中间值（最高价 + 最低价）÷ 2
> 基准线 = 当日在内过去 26 天内的中间值（最高价 + 最低价）÷ 2
> 迟行带 = 当日在内过去的 26 天
> 先行带 1 =（转换线 + 基准线）÷ 2
> 先行带 2 =（过去 52 天内的最高价 + 最低价）÷ 2
> （先行带包含当天，先记作 26 天）

的线。因为计算公式各不相同，随着股价的变动，先行带1与先行带2之间的位置关系也常常会发生变化。正是由于这些线的变化，云带有时会很厚，有时会很薄。

先行带1与先行带2并非常常处于相同的位置关系。先行带1与先行带2的位置关系有时会上下互换，也就是说两条线有时会交叉。这种交叉的时间点，我们就叫作"变化日"。变化日往往容易成为股市的转折点。

将一目均衡表特有的抵抗带当作买卖信号灵活使用

转换线与基准线类似于移动平均线，随着时间段的不同而发生不同的变化。请看图表29。

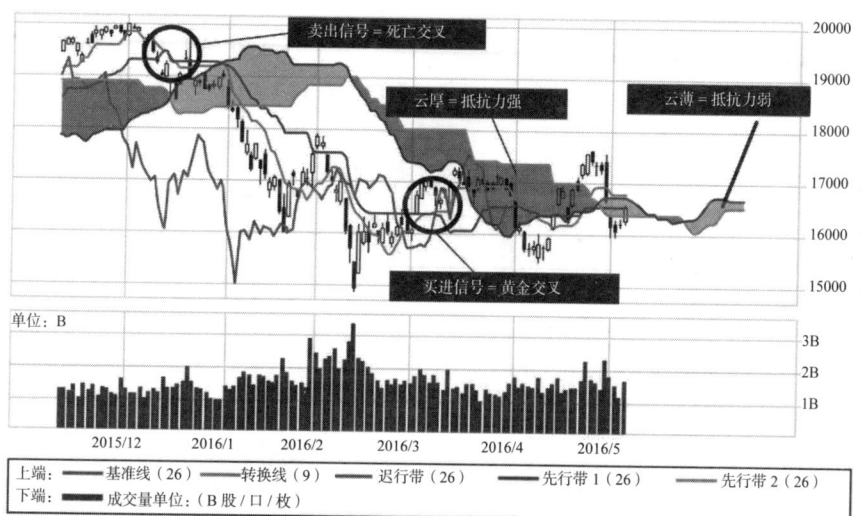

图表29　一目均衡表的买卖信号①

资料来源：SBI证券サイト画面

转换线从上方穿过基准线时，就是买进信号。相反，当转换线在下方与基准线交叉时，则为卖出时机。这就像是前面讲解移动平均线时提到的黄金交叉和死亡交叉。

此外，云带还起着上限阻力线和下限支撑线的作用。一般来说，云越厚，抵抗力就越强；云越薄，抵抗力就越弱。

具体而言，当股价位于云带下部时，云带可以起到上限阻力线的作用。相反，若是股价在云带的上方，云带则起到了下限支撑线的作用。当云带充当下限支撑线和上限阻力线时，股价有时也会震荡。但是，当股价没有震荡就穿过云带时，表示当时股市势头强劲。

请看图表30。具体来说，当原本位于云带下方的股价向上突破云带时，出现买进信号。相反，如果是向下突破云带，则为抛出信号。

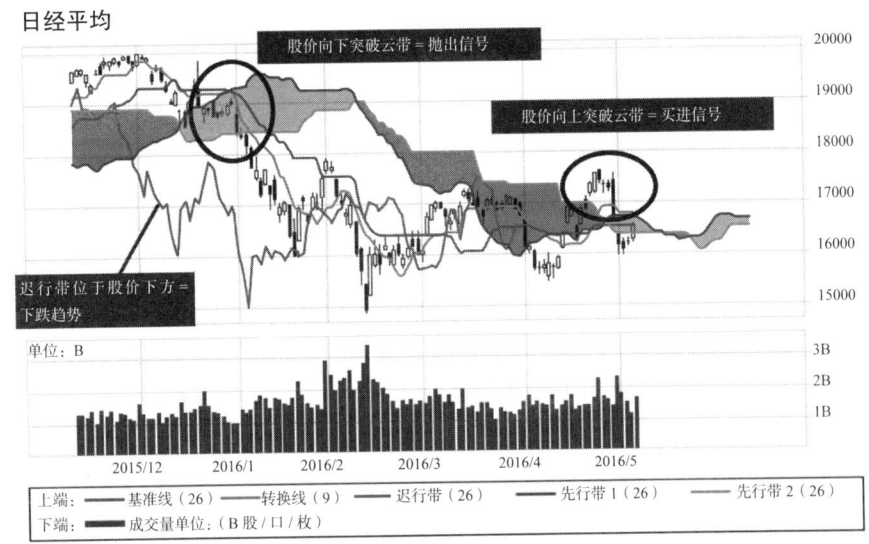

图表30　一目均衡表的买卖信号②

资料来源：SBI証券サイト画面

此外，通过迟行带与股价的位置关系，也可以大致掌握股价的趋势。股价呈上涨趋势时，迟行带位于股价的上方；股价呈下跌趋势时，迟行带位于股价的下方。

典型的买进信号：三大好转信号

一目均衡表有以下三个具有代表性的买进信号：

1. 股价自下而上穿过云带。
2. 转换线自下而上穿过基准线。
3. 迟行带向上突破 26 日前的股价。

请看图表 31。图中 1 2 3 处，出现了买进信号。这种情况就是三大好转信号。

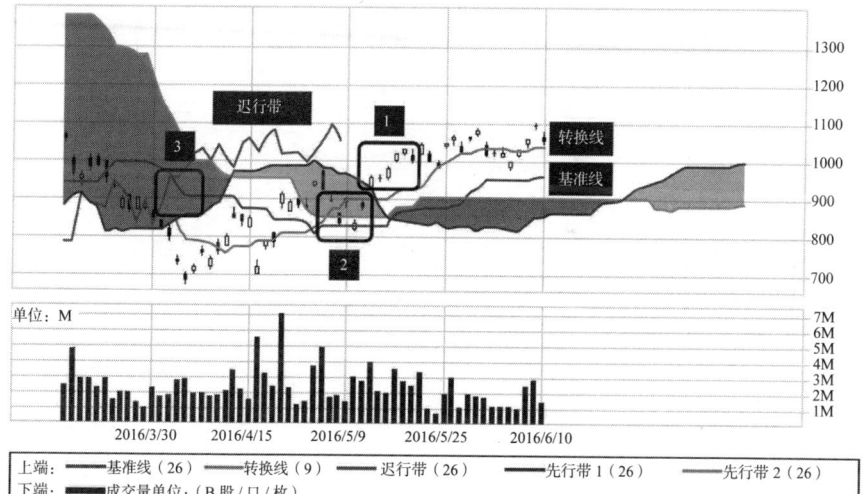

图表 31　一目均衡表的买进信号：三大好转信号

资料来源：SBI 証券サイト画面

典型的抛出信号：三大逆转信号

相反，典型的抛出信号有以下三个：

1 股价自上而下穿过云带。

2 转换线自上而下穿过基准线。

3 迟行带向下突破 26 日前的股价。

请看图表 32。三大逆转信号是三大好转信号的反义词，也是抛出信号。三大好转信号和三大逆转信号都处于比较长期的股价趋势中，都是具有代表性的买卖交易信号，一定要牢记。

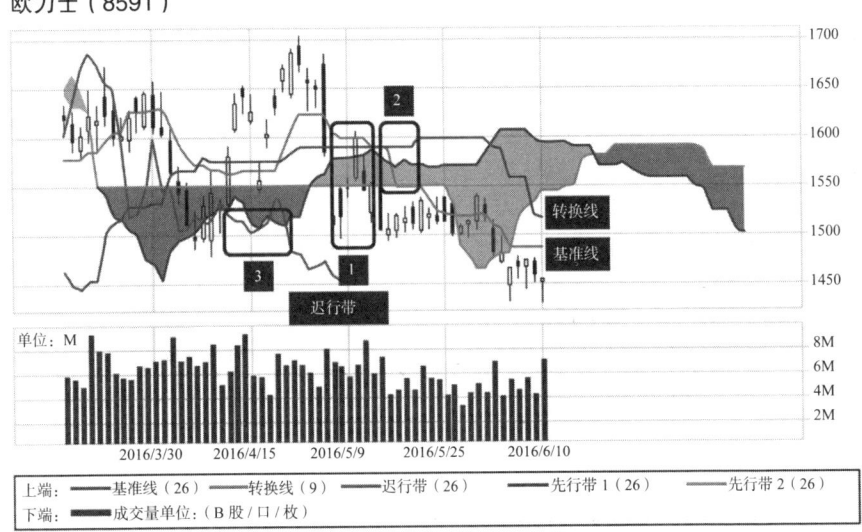

图表 32　一目均衡表的卖出信号：三大逆转信号

资料来源：SBI 証券サイト画面

如何利用一目均衡表分析股价

那么又该如何运用一目均衡表呢？让我们通过图表 33 来具体了解

日经平均股价图中的一目均衡表。

❶与❷处，表示先行带 1 和先行带 2 两条线构成的云带出现交叉。由于先行带 1 和先行带 2 两条线的位置上下互换，此时形成变化日。如图表所示，在❶与❷处时，处于变化日的股价暂时下跌。虽然一目均衡表未必总是有效，但是通过观察一目均衡表，能够在一定程度上得知股价何时处于变化日。

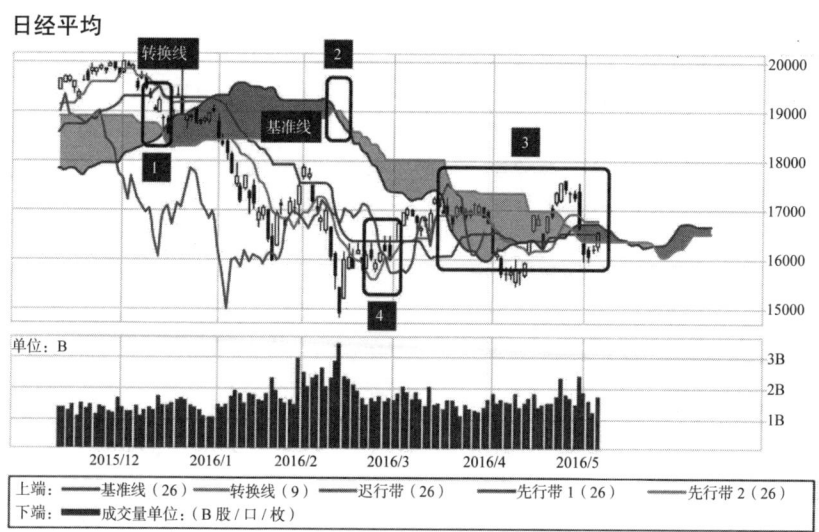

图表 33　一目均衡表买卖信号

资料来源：SBI 証券サイト画面

在❶与❷处时，股价处于态势较弱的"三役逆转"的形势。❶处，转换线从上到下穿过基准线。反观❹处，转换线从下到上穿过基准线。也就是说，我们可以得知此时正处于买进时机。

另外，在❸处时，云带较厚，起着抵抗带的作用。云带较薄时，抵抗力变弱，股价突破云带上方。抵抗带（云带）就像是下限支撑线和上限阻力线，可以对股价起到抵抗作用。

一目均衡表的先行带1、先行带2和迟行带是其他股票图表中所没有的线，请在股票交易中尝试着灵活运用一目均衡表来助自己一臂之力。

> **!重点**
> - 先行带1与先行带2之间构成抵抗带（云带）。
> - 根据抵抗带的厚度，可以分析抵抗带的阻力和支撑力。
> - 先行带1与先行带2相交叉时，称为变化日。
> - 迟行带与股价的关系可以确定股价趋势。
> - 灵活运用转换线与基准线交叉时的买卖信号。

第 3 章

震荡派技术指标的使用方法

MACD
RSI
RCI
随机指标
移动平均线乖离率

第1节

MACD：趋势派与震荡派所共有

为辅助简单移动平均线而制作的技术指标 MACD 由两条线构成，比较容易理解，让我们把它当作简单移动平均线的辅助知识来一起学习吧。

由 MACD 与信号线两条线表示

震荡派技术指标可用来分析股票属于超买状态还是超卖状态，还可用来分析股价的过热程度，MACD 指标就是具有代表性的震荡派技术指标之一。

指数平滑异同移动平均线 MACD（Moving Average Convergence and Divergence）指标由 MACD 与信号线两条线共同构成。根据这两条线的位置，可以判断股价的过热程度；根据两条线相交叉的时间，可以判断应当买进还是抛出；从两条线的方向性，可以判断股价的趋势。它还有一个名字，叫作"移动平均收缩放大方法"。MACD 指标的两条线作为指数平滑移动平均线使用。短期指数平滑移动平均线为 MACD，长期指数平滑移动平均线则为信号线。MACD 与信号线，这两条线是怎么计算得来的呢？请参考以下计算公式。

MACD 的计算公式

> MACD = 12 日 EMA–26 日 EMA（EMA = 指数平滑移动平均线）
>
> 信号线 = MACD 的 9 日移动平均线
>
> *EMA = 前一日 EMA ×（1 – α）+ 当日收盘指数 × α
>
> * α = 2 ÷（n + 1）
>
> *n = 平均天数
>
> ⟹ 再加重最近一日的权数算出。

一般来说，比起过去的动向，当下股价与最近一段时间的股价动向联系更为紧密，因此，近期的股价比过去的股价具有更大的影响力。从这一观点来看，加重最近一日的权数算出的就是指数平滑移动平均数，这一技术指标可以弥补简单移动平均线的缺点。

MACD 是震荡派技术指标，但是就分析方法来看，它也具有趋势派技术指标的一些特征，可以说，MACD 是一种具有极大优势的技术指标。

典型的买卖信号为黄金交叉与死亡交叉

让我们通过日经平均股价图，更加具体地看一看 MACD。请看图表 34。

上边的 K 线图为简单移动平均线。位于 K 线图下方、作为追加指标出现的股价图就是 MACD。

从基本的动向来讲，MACD 即短期指数平滑移动平均线率先变动，随后长期指数平滑移动平均线即信号线再追上来。

与移动平均线相同，MACD 从下到上穿过信号线时出现黄金交叉，此时为买进信号。相反，MACD 从上到下突破信号线，形成死亡交叉，此时为抛出信号。

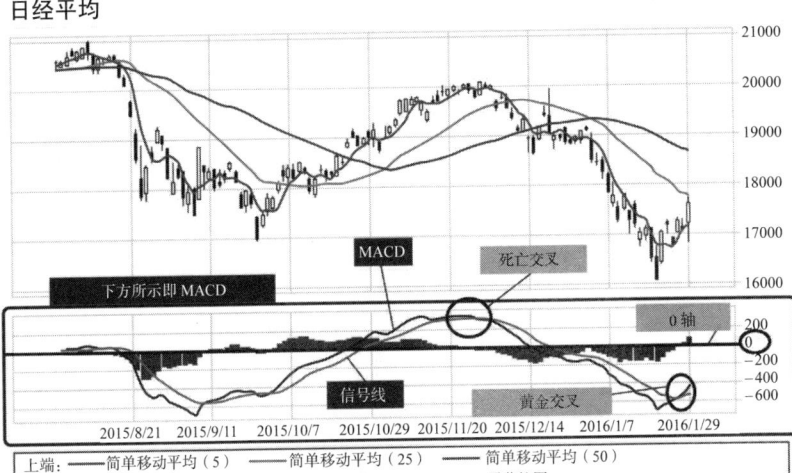

图表 34　MACD 的股价图构成/买卖信号

资料来源：SBI 証券サイト画面

此外，因为中间值为 0，所以这条线就称为 "0 轴"。当 MACD 处于 0 轴上方时，可以得知股票处于超买状态；当 MACD 处于 0 轴下方时，可以得知股票处于超卖状态。

尝试理解 MACD 与移动平均线（MA）二者的指示差异

在实际操作中究竟该如何利用 MACD 呢？下面我们通过股价图来了解具体内容，请看图表 35。

如图表所示，简单移动平均线和 K 线图中，所在的位置出现了黄金交叉。再看 MACD（下方），几日前就出现了第一次黄金交叉，并且接着在的附近出现了死亡交叉，随后再一次出现黄金交叉。也

就是说，在短时间内既出现了死亡交叉，也出现了黄金交叉。我们可以看到，黄金交叉出现后，两条线都呈上升走向。也就是说，我们可以得知股价处于上涨趋势。

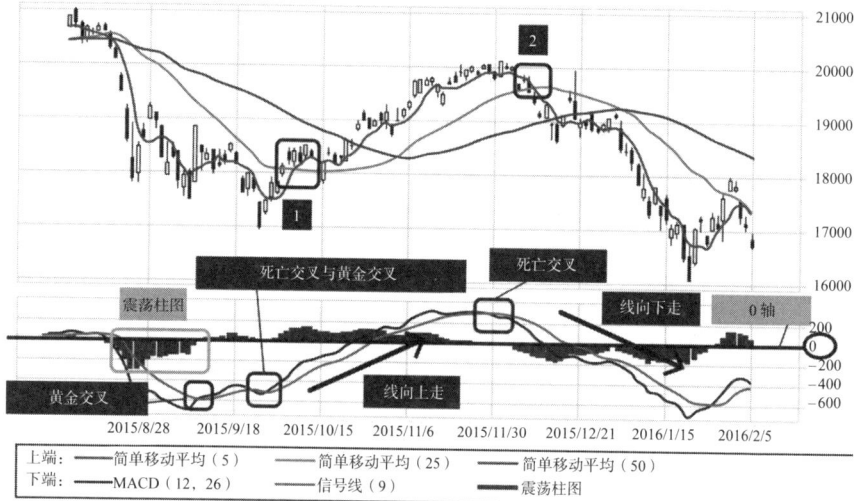

图表 35　MACD 的黄金交叉与死亡交叉

资料来源：SBI証券サイト画面

下一步请看 2 处的简单移动平均线。我们可以看到，2 处出现了死亡交叉。这时再来看 MACD，它在数日前也出现了死亡交叉。死亡交叉出现后，两条线呈下降走向，我们也就可以得知股价处于下跌趋势。

MACD 图表中，随着股价趋势的变化，途中两条线的走向也发生了变化。股价呈上涨趋势时，两条线也呈上升走向；股价下跌时，两条线则呈下降趋势。

通过观察 MACD 图表中两条线的动向，我们可以轻松地推断出股价趋势出现的时间，所以我们可以将其视为简单有效的技术指标。相反，当股价没有出现某种明确的趋势或只呈小幅度变动时，两条线方向不明确，可能会交错在一起，此时 MACD 的作用就可以忽略不计。请务必结合股价的动向与趋势，灵活运用 MACD。

要注意的是，MACD 与简单移动平均线都会出现黄金交叉与死亡交叉，但 MACD 更为灵敏，反应更为迅速，能更早地显示买进或卖出时机。这一点通过分析本章开头 MACD 与信号线的计算公式即可理解。为了弥补简单移动平均线的缺陷，MACD 采用的计算公式将重点置于近期股价的变动，因此，它反映了最新的股价动向。

无论如何，如果只是通过简单移动平均线相交的信号来分析买卖时机，买卖信号的出现很可能会比较迟缓。但如果结合 MACD，就能够得出更为精准的结果。

比如说，在股价上涨的过程中，有时 MACD 与信号线马上就要出现死亡交叉，但最后这两条线并没有出现交叉，反而继续上升。正如前文所述，这种情况表明近期股价坚挺，也就是说，股价的趋势更强劲。

在观察时，检查两条线是否交叉的同时，还要注意股价的动向。之后，再通过简单移动平均线来确定股价的变动趋势，结合其他技术指标进行分析。

以 MACD 的 0 轴为基准，分析股价过热程度

接下来，我们在 MACD 的正中间 0 所在的位置即 0 轴上，画一条横线（参见图表 35）。

如果 MACD 与信号线都位于 0 轴的上方，可以推断出股价此时处于超买水平。由于股市处于超买水平，接下来投资者将为了停利而大量抛出股票，两条线出现死亡交叉。

与此相对，如果两条线处于 0 轴下方，可以推断出股价处于超卖状态。出现超卖现象时，投资者认为股价变低了，自然而然就有许多人买进，两条线呈黄金交叉。

这样，只要知道 MACD 及信号线这二者与 0 轴之间的位置关系，就可以在一定程度上预测出这两条线今后的动向。

此外，根据股票图表的不同，有时 MACD 与信号线的分离也可以用柱状图来表示。图表 35 中，MACD 处已经圈起来的部分叫作 OSCI（震荡柱图）。OSCI 越大，两条线之间的距离就越远，由此可以判断 MACD 与信号线之间的乖离度。

MACD 中，可以通过两条线的方向与 0 轴的位置来判断股价的高低。因此，密切关注两条线相交后的动向尤为重要。

> **重点**
> - MACD 位于信号线下方，自下而上穿过信号线，形成黄金交叉（买进信号）。
> - MACD 位于信号线上方，自上而下穿过信号线，形成死亡交叉（抛出信号）。
> - 确定两条线的方向。
> - 确定两条线是否交叉。
> - 确定两条线相对于 0 轴所处的水平。

第2节

RSI：通过股价涨幅看股市过热程度

RSI（相对强弱指数）是一种通过股价的上涨幅度和下跌幅度来计算股价上涨比例的技术指标。在股市趋势不明，股价在小范围内波动不止的情况下，这一指标较为有效，这也是其特征所在。让我们在股市趋势不明时运用这一技术指标吧！

利用 RSI 分析股市的过热程度

股价总是在上涨、下跌、稳定之间循环往复。投资者的思维是：股价下跌，会出现超卖现象；股价上涨，会出现超买现象。将股票的超买及超卖状态与过去股票的价格变动态势相比较并以数值化呈现出来的指标就是 RSI 技术指标。

RSI（Relative Strength Index），即相对强弱指数，是表示过去一定时期内（以下为 n 日）的股价上涨部分在涨幅和跌幅中所占的百分比。从下面的计算公式中可以看到，n 日内的股价涨幅是通过涨幅和跌幅加权平均之后得到的，所以 RSI 表示的是上涨的值所占的比例，因此也叫作相对力（性）指数。

RSI 的计算公式

> RSI= n 日内收盘涨幅之和 ÷（n 日内收盘涨幅之和 + n 日内收盘跌幅之和）
>
> ⟹ 表示 n 日内的股价上涨所产生的波动占整个波动的百分比。

RSI 是震荡派的代表性技术指标之一，可以用于分析股市处于超买或是超卖。

利用震荡派的技术指标，可以较早地掌握股价从上涨到下跌或从下跌到上涨的变化时间。也正是由于这个原因，当股价在一定幅度内变动，或是股价在下跌时呈短期反弹局面时，利用 RSI，就能够有效地判断买卖信号。

另一方面，也有人认为，在不知道股价是处于上涨趋势还是下跌趋势时，利用这一指标来推断买卖信号不太可靠。

超过 70% 为超买，低于 30% 为超卖

请通过日经平均股价图来进一步了解 RSI。观察图表 36。K 线图下部附加的就是 RSI 图。

RSI 的数值用 0%—100% 表示，标在右边的数轴上。RSI 用一条线来表示，股价一上涨，RSI 数值也就上涨，所以 RSI 线也会向上移动。相应地，当股价下跌时，RSI 数值也就下降，表示 RSI 的线条也就向下移动。

一般而言，RSI 数值在"30% 以下为超卖"，在"70% 以上为超买"。为便于理解，图表中 30% 与 70% 处画出了横线。RSI 很少会在 30% 以下，也很少会在 70% 以上，大多数情况下数值都在 30%—70% 之间。也就是说，30% 以下、70% 以上往往不会出现适宜交易的时机。

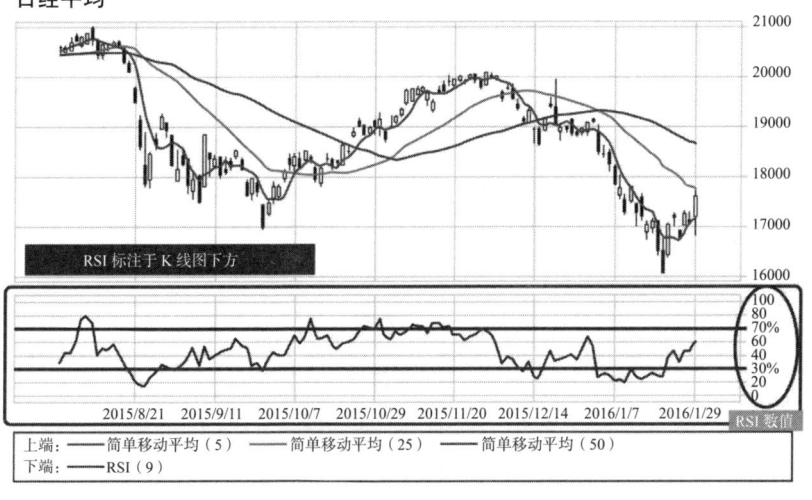

图表 36　RSI 股价图的构成

资料来源：SBI 証券サイト画面

通过 RSI 对过去的股价变动进行分析比较

怎样利用日经平均股价图来具体分析 RSI 呢？请结合图表一起来了解并学习。请看图表 37。

看到 RSI 变动的全过程后，就可以知道，超卖水平即 30% 以下和超买水平即 70% 以上，这些部分都已经用方形圈出来了。RSI 位于 70% 以上和 30% 以下的时间长达半年，这种情况也是非常少有的。

在 ❶ 中，股价位于高价圈，此时 RSI 超过 70%。在这种情况下，可以轻松判断"股价处于高价圈，股市可能处于超买状态"。

再来看一下 ❷，我们发现，在 ❷ 处，股价从高价下跌，随后在上涨与下跌中反复变化，接着又再一次下跌。股价没有处于最低水平，但是 RSI 却还是跌至 30% 以下了。究其原因，RSI 表示过去 n 日内股价过度下跌的情况，例如，与 ❶ 相比，可推断出股价此时处于下跌过度状态。这就是为什么 RSI 此时低于 30%。

但是，在 2 之后，尽管股价进一步下跌，我们仍能看到 RSI 的数值有时上涨超过 30%，有时又下跌。尽管股价继续呈下跌趋势，但是 RSI 却上升，这是因为 RSI 是对过去 n 日内的股价变动的计算。过去的股价高，所以 RSI 会上升。

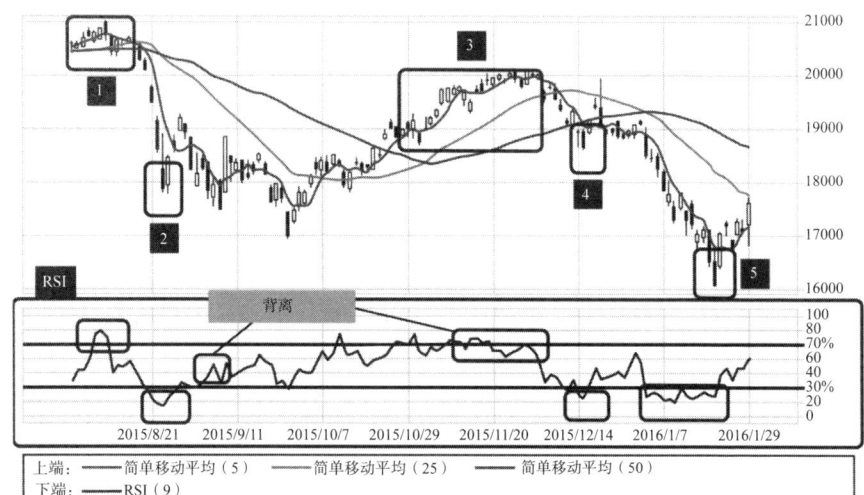

图表 37　RSI 的买卖信号

资料来源：SBI 証券サイト画面

这种现象叫作背离（Divergence）。3 处也一样。尽管股价持续上涨，但是 RSI 时而高于 70%，时而低于 70%。

像这样，当股价涨跌趋势等尚不明朗时，就必须使用震荡派的技术指标，例如通过 RSI 股价图，来分析股价的过热程度。RSI 并非完美无缺，这一点相信您也会理解。重要的是要和趋势派技术指标以及震荡派的其他技术指标相结合，从多个方面分析股价的变动。

在 4 处，我们推断出过去 n 日内股价处于下跌过度状态，所以可以在低于 30% 时采取短期性的逆势交易。但是，通过股价图我们可以了解到，由于触底反弹，股价上涨的时间段非常短，虽说超买，但却没有超过 70%，此时必须毫不犹豫地将股票抛出。一旦没能出手，股价再次下跌，就会造成损失。要做好最坏的打算，以应对受损。同时，为了及时止损，应提前定好股票抛出的止跌点，以使人安心。

在 5 处，我们可以看到，早在股价触底日之前，RSI 就处于 30% 以下了。过去 n 日内股价的大幅下跌，使 RSI 处于超卖水平。在这种情况下，如果简单地认为 RSI 在 30% 以下，股市处于超卖，于是就过早地下判断而买进股票，那么，在那之后股价的不断下跌将会给您造成惨痛损失。

出现上述这种下跌趋势时，RSI 也并非总能发挥作用。这时，也要结合趋势派技术指标与震荡派的其他技术指标，从多方面综合判断 RSI 低于 30% 时是否确实处于超卖状态。

在筛选股票时灵活运用 RSI 数值

运用 RSI，不仅能够分析股价处于超买或超卖水平，还可以判断股市整体基调是买进还是抛出。具体分析时，RSI 用 100% 表示，因此，以 50% 为基准，我们可以得知，50% 以上为买方市场，50% 以下为卖方市场。

另外，我个人认为，在筛选股票或是在系统交易中使用 RSI 时，以 30% 与 70% 这组数字为基准就可以了，但是在实际交易中，如果想要提高买卖信号的准确度，还要注意 20% 与 80% 这一组数值。从 RSI 股价图中可以看出，30% 以下、接近 20% 的数值与超过 70%、接近 80% 的数值出现的频率相当低。也就是说，处于此类数值时，买卖信号较少出现，有可能会错失交易机会。这需要您做一个选择，是选择抓住交易机会还是选择掌握精确的买卖信号。交易机会越多，受损的概率也就越大，但同时，在股市中取胜的机会也就更多。

无论如何，一定要结合股票市场的行情以及个别股票的动向考虑当前是否是使用 RSI 指标的最佳时机，同时还要与其他技术指标区别使用。

> **❗ 重点**
> - 超过 70% 为超买。
> - 低于 30% 为超卖。
> - 以 50% 为基准，区别超买与超卖。
> - 股价趋势不明朗或股价平稳时更为有效。

第3节

RCI：为股价涨幅排序

RCI 是在比较股价的变动时，将重点放在上涨阶段并为其排序，分析股市过热程度的技术指标。当股市出现明显趋势时本技术指标较为有效，因此，可以结合 RSI 共同使用。

将排序纳入分析中，分析股市发展势头

RCI（Rank Correlation Index）与 RSI 一样，是分析股价过热程度时使用的震荡派技术指标，也叫作"顺位相关系数"。

这一指标的名字中加入了"顺位"二字，是因为计算公式中采用了顺位排序的概念。将股票的价格从过去 n 日内的收盘价从高到低排序，时间上，将当天视作"1"，过去依次排序为 –1、–2 等。

看下面的计算公式，可以了解到，RCI 这一技术指标是按照排序的方式，将日期与价格变动之间的关系进行比较。通过按顺位排序，可以分析股市的行情与形势，即股市的势头。

与 RSI 相同，RCI 也是震荡派的代表性技术指标之一，它可以用来分析股票处于"超卖"还是"超买"。K 线图下方附加的指标股价图就是 RCI 图。从图表来看，它虽然与 RSI 很相似，但通过计算公式，我们可以看到，二者的使用方法完全不同，千万不要将二者混淆。

RCI 的计算公式

> RCI = $\{1 - [6d \div n(n^3 - n)]\} \times 100$
>
> d：日期的顺位与价格之差乘以 2 后合计的数值
>
> n：时间段
>
> $\Longrightarrow$ 将过去 n 日内的收盘价按从高到低的顺序排列，通过比较它的顺序与所预测的时间顺序来推算行情势头。

以 0 为基准分析超买还是超卖

让我们进一步具体地观察 RCI 股价图。请看图表 38，K 线图下方附加的指标图就是 RCI。虽然它与 RSI 相似，但是，我们一定要清楚地认识到两者之间的不同。

樱花网络信息科技有限公司（3778）

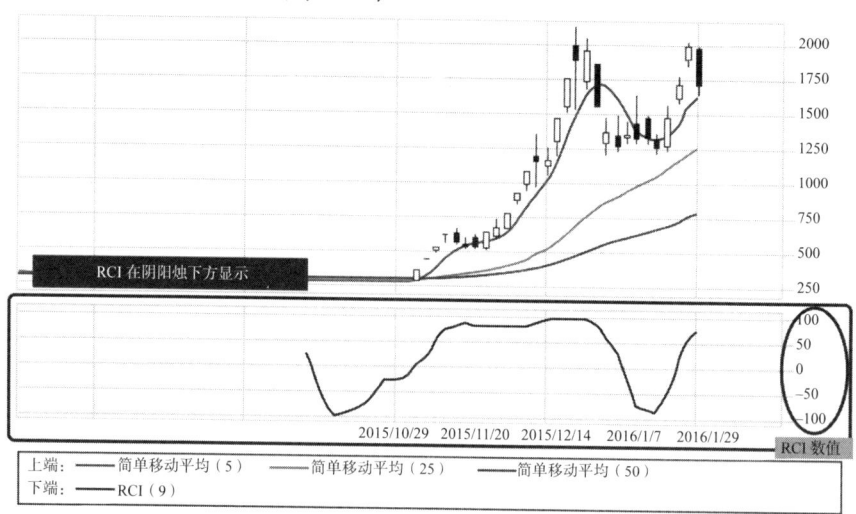

图表 38　RCI 股价图的构成

资料来源：SBI 証券サイト画面

RCI 用一条线来表示。从图表中右边圈起来的数值可以看到，图表中以 0 为基准，数值范围从 100% 到 –100%。一般而言，股价上升，RCI 会向 100% 的方向靠近，相反，当股价下跌时，RCI 会靠近 –100% 的方向。因此，以零为基准，RCI 在 100% 附近时可推断为超买状态，在 –100% 附近时可能为超卖状态。

从思维方法来讲，时间距离当天越近且股票价格越高时，排序为 1。简单来说，高股价的日数越多，RCI 的数值就越接近 100%，也就表示股价持续呈上涨趋势。相反，低股价的日数越多，RCI 的数值就越接近 –100%，即表示股价下跌趋势将持续下去。

无论是上涨还是下跌，都表示股价某种趋势的强度

接下来让我们一起了解如何利用 RCI 来分析股价。请看图表 39。

樱花网络信息科技有限公司（3778）

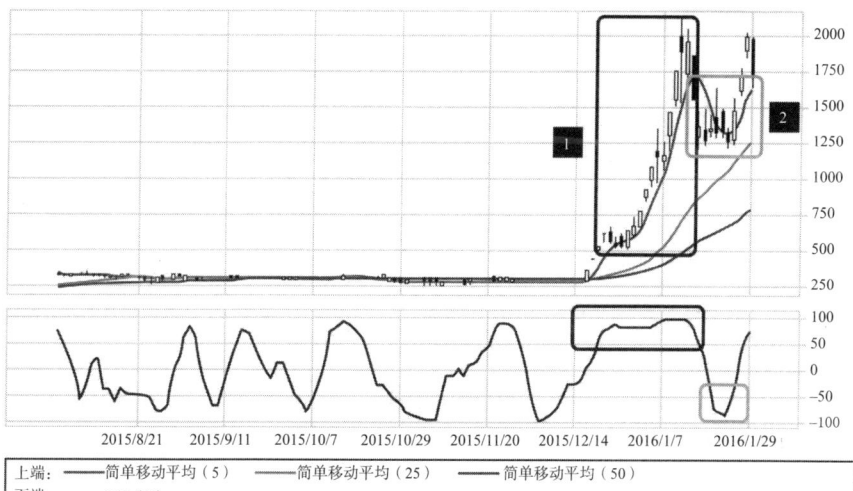

图表 39　RCI 的买卖信号（上升趋势）

资料来源：SBI 証券サイト画面

从 RCI 的整体动向来看，我们可以了解到，在大多数情况下，超卖时数值处于 –100% 附近，超买时数值则位于 100% 附近。

RSI 只是单纯地表示股价上涨到何种程度，因此，这一技术指标的特征是当股价趋势不明朗时更为有效，相反，一旦股市出现明显趋势，其效用就大打折扣了。但是，RCI 作为震荡派的另一项技术指标，可以通过数值反映股价与日期的顺序，所以，即便股价已经出现明显趋势，仍可以用 RCI 预测股价的过热度。

比如，当 RSI 数值为 70% 时，我们可以推断股价态势强劲，今后股价或将进一步上涨。但是，即便股价上涨，也会出现 RSI 数值变小的情况。

在这种情况下，RCI 将股价从高到低依次排序。因此，股价呈上涨趋势时，RCI 往 100% 附近推移。也就是说，RCI 在 100% 附近变动，说明股价势头强劲，出现了上涨趋势，而且股价还有可能持续上涨。

另一方面，正是因为 RCI 是将股价按从高到低的顺序排序，所以，当股价呈现强劲下跌趋势时，数值也就会变为负数。也就是说，当股价下跌趋势持续时，RCI 在 –100% 附近变动。

股市趋势越强，RCI 越容易紧贴上限或下限的数值

基本理解 RCI 定义后，让我们一起来看一看图表 39 的 ❶ 处。我们可以看到，当股价持续上升时，RCI 数值也从零附近开始持续上涨，总体保持高扬态势。接下来，随着股价进一步上涨，RCI 线在 100% 附近几乎平稳地向前推移。

此后，如 ❷ 处所示，股价一下跌，RCI 数值也随之下降，一直降到 –100% 附近。此时，仅仅从股价图来看，当股价再度转跌为涨时，RCI 也再次上升超过 0 轴。但是，股价持续下跌时，因下跌趋势持续表现出强劲态势，RCI 又将会在 –100% 附近平稳移动。

如果觉得 RSI 给出的买卖信号不太可信，我们可以结合 RCI 来分析股价，因为 RCI 能向我们展示股价正处于什么样的趋势。RSI 与 RCI 具有不同特征，因此，要分别掌握其特征并巧妙利用，方可提高分析股价图的精确度。

需要说明的是，由于证券公司所用的工具不同，有时会用一条线来表示 RCI，有时也会用两条线来表示。当由两条线来表示时，我们可以判断其交叉时为买卖信号。提到所谓的黄金交叉与死亡交叉，我们往往这样判断：当两条 RCI 线在 100% 处附近交叉时，为死亡交叉；反之，当两条线在 –100% 处附近交叉时，则为黄金交叉。

为便于理解，请看两条 RCI 线所表示的股价图。图表 40 为 COLOPL 公司（3668）的股价图。我们可以看到，股票开窗（跳空）时，RCI 在下方的 –100% 处平缓移动。

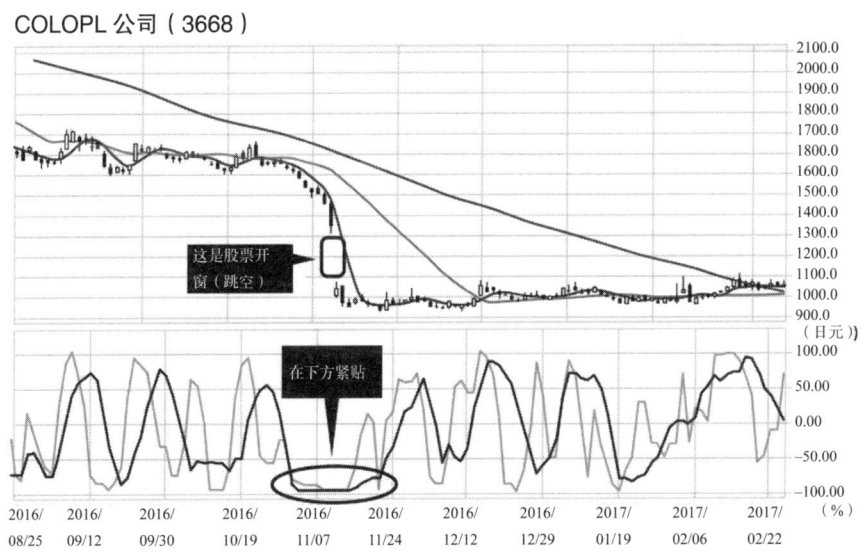

图表 40　RCI 的买卖信号（下跌趋势）

资料来源：会社四季报オンライン·高機能チャート（クォンツ·リサーチ株式会社提供）

也就是说，当股价像这样呈下跌趋势时，两条RCI线会在–100%处附近平缓移动。

此外我们通常认为，RCI两条线在100%处附近或者在–100%处附近紧贴在一起平稳移动之后，股票趋势或大盘更易发生反转变化。

RSI与RCI同属于震荡派技术指标，但其操作方法完全不同。要结合股价的变动，分别准确运用方为上策。

> **❗ 重点**
>
> - RCI既有顶破100%的上限峰值，也有跌破–100%的下限峰值。
> - 股票势头强劲的话，RCI更容易出现走平，其峰值附近容易出现股市转势。
> - 以0%为界，可以将RCI数值分为正值圈、负值圈，可以借此掌握股票趋势。

第4节

随机指标：针对过去的股价波幅，判断现在股价的高低

随机指标是一种通过计算当日或最近数日的最高价、最低价及收市价等价格波动的真实波幅，反映现行股价高低的技术指标。随机指标由两条线构成，所以它在分析买卖信号方面具有简单易懂的特点。

随机指标分为两种：快速与慢速

随机指标（stochastics）是震荡派技术指标之一，可以用来分析股票处于超买还是超卖状态。它有两种类型：一是快速随机指标，一是慢速随机指标。这两种随机指标都作为附加指标附加在K线图下方，分别用两条线表示。

快速指标由%K与%D构成，其中%K是表示短期的线，%D是表示长期的线,%D的变动相对较迟。慢速指标由%D与慢线%D构成。其中%D表示短期，慢线%D表示长期，表示长期的慢线%D的变动相对较迟。

请看构成随机指标的两条线的计算公式。正如%K的计算公式所示，相对于过去股票价格的波动幅度，随机指标可计算出如今股价

究竟是高还是低。%D 是 %K 的三日平均值，因此，其变动速度要迟于 %K。也就是说，通过运用随机指标，我们可以得知现在的股价相对于其波幅处于何种位置。

随机指标的计算公式

> ⇒ %K=
> （当日收盘价 –N 日内最低价）÷（N 日内最高价 –N 日内最低价）
> ⇒ %D=
> %K 的 3 天平均值
> ⇒ 随机指标的计算公式表示
> 　与过去的股价相比，现今股价的相对高低程度。

此外，随机指标又分为快速指标和慢速指标两种。不少投资者苦于不知该用何种随机指标更好。快速指标对股价变动的反应过于敏捷，因此，该指标具有夸大变动的过度倾向。如果是投资风格偏向摇摆交易（swing trade）等持仓期为几天的投资者，往往会选择利用慢速指标。

股价处于超买还是超卖状态，看两条线是否相交

请看图表 41。随机指标与 RSI 相同，以 0%—100% 的区间来表示。图表右侧标示出数值，越接近 100%，可以推断出当时股价越趋近超买水平；越接近 0%，股价越趋近超卖水平。以 50% 为基准，我们可以得知随机指标的两条线究竟处于较高位置还是较低位置。

一般而言，随机指标达 70% 以上为超买，出现抛出信号。相反，若随机指标处于 30% 以下，则为超卖，出现买进信号。为便于理解，图表中 30% 与 70% 处画有一条横线。

图表 41　随机指标的股价图构成

资料来源：SBI 証券サイト画面

如前文所述，随机指标由两条线构成，因此两条线交叉时即为买卖信号。在超买时，短期线会由高位向下突破长期线，此时为抛出信号（死亡交叉）。相反，当股价处于超卖时，短期线会由低位向上突破长期线，此时为买进信号（黄金交叉）。

应该如何分析随机指标呢

接下来，请看图表 42。让我们通过日经平均股价图来了解慢速随机指标。

慢速随机指标中，短期线为 D%，长期线为慢速 %D（也可以表示为 %SD 或 SD），短期线 %D 紧随长期线 %SD 之后。

那么，股价处于不同水平时，慢速随机指标又会发生什么变化呢？为了便于理解其处于何种水平，我们也在图中 70% 和 30% 处画出了横线。

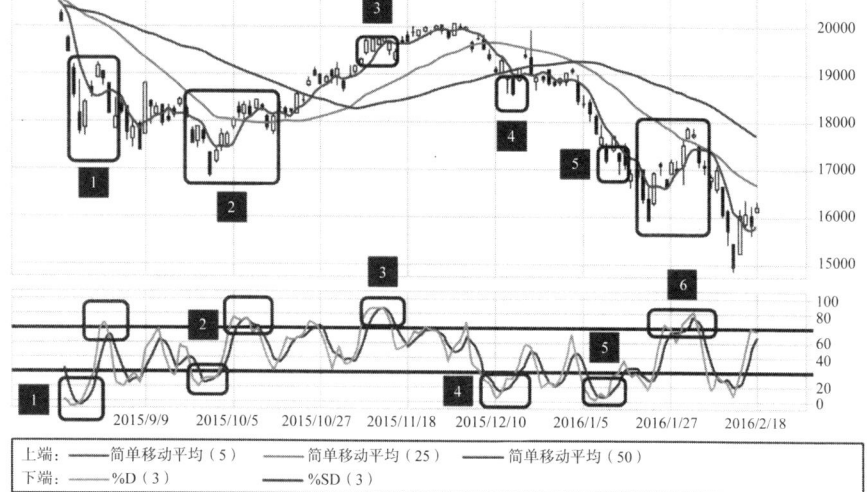

图表 42 随机指标的买卖信号

资料来源：SBI 証券サイト画面

当股价没有出现相对明确的趋势时，我们往往认为，此时慢速随机指标能发挥更好的作用。一般来说，当股票处于超买水平、数值在 70% ，或当股票处于超卖水平、数值在 30% 时，常会出现买卖信号。由此我们可以断定，利用随机指标的确有效。

进一步来说，当数值接近 80% 或 20% 时，出现的买卖信号的可信度更高，信号出现的次数也相应减少。买卖信号的减少与交易次数的减少相关联，因此，交易机会也就相应减少。

有关具体内容，让我们来看一看图表。在 ❶ 处，数值触底跌至 20% 以下，出现交易信号，但是几天后股价的反弹上涨便告终了。尽管 %D 超过了 70%，但要等到两条线交叉之时，有可能会错过停利时机。

换言之，其特征是在逆势时发挥作用，因此，一味等待交易结束可能也会错过停利时机。与等待买卖信号出现相比，有时，提前设定停利点及时停利，也是很有必要的。

在❷处，买进信号出现几天后，抛出信号也出现了，但是股价在那之后却仍然呈上涨态势。再来看随机指标，当时没有跌至30%以下，而是超过了70%。在❸处则是超过70%，出现了超买的信号。然而我们也可以看到，在那之后，股价也还是处于上涨之中。因此，当股价趋势明显时，随机指标也未必总是能够发挥作用。

像这样，当股价出现明显趋势，随机指标不能准确发挥作用时，一定要随机应变，配合使用其他技术指标一同分析。

再来看❹处。股价步入下跌趋势，下降至30%，之后仍缓慢下跌。因为股价始终没有触底反弹，所以，即使随机指标没有上涨至70%，这种状态开始几天后，若不及时停利，就很有可能遭受损失。

再接着看❺处。即便在❻处——超过70%的抛出信号处及时停利，也有可能出现亏损。像这样，股价趋势并不太明显时，随机指标的信号有可能准确，也可能不准确。由于技术指标并非总是有效，因此，需要结合股票市场的形势等，分析当下应该利用何种技术指标为好。

> **！重点**
> - 随机指标超过70%时，股市处于超买水平，出现高股价。
> - 随机指标跌破30%时，股市处于超卖水平，出现低股价。
> - 随机指标在50%以上时，股价上涨态势强劲；在50%以下时，股价下跌态势强劲。
> - 随机指标由两条线构成，两条线交叉时即出现买卖信号。

第5节

通过移动平均线的乖离率分析股市过热程度

移动平均乖离率（又称偏离率）是一种通过股价与移动平均线的偏离程度来分析股市处于超买还是超卖、分析股价过热感的技术指标。它的特点在于用数值表示，易于理解。

通过移动平均乖离率分析股价偏离移动平均线的程度

在第2章我们已经介绍了移动平均线，一般来说，股价往往具有在移动平均线附近波动的特点。正因为如此，我们常常会看到，股价偏离移动平均线在上方或下方波动后，还会再次被它吸引，在它附近波动。在第2章的第3节，我们已经对格兰维尔法则进行了解读。

请看下面的移动平均乖离率的计算公式。通过观看公式，可以了解到，移动平均乖离率指标是将股价与移动平均线的偏离程度数值化。换言之，可以通过它来分析股价偏离移动平均线的程度以及股票处于超卖还是超买水平。

移动平均乖离率的计算公式

> 移动平均乖离率＝（股价－●日移动平均值）÷●日移动平均值×100

在负值范围内变动为超买，在正值范围内变动为超卖

移动平均乖离率的股价图是附加在 K 线图下方来表示的。移动平均线由 5 日移动平均线与 25 日移动平均线等多条线构成，因此，其所表示的移动平均乖离率也有多个。

如在短期内交易，可采用短期移动平均乖离率。请结合自己的投资风格，根据不同时间内的移动平均线，采用相应的移动平均乖离率。如进行摇摆交易，可选取 25 日移动平均线的日线图、26 周移动平均线的周线图进行分析。

请看图表 43。右侧标出了移动平均乖离率的数值。以 0 为中心，上方用正值，下方用负值表示。股价位于移动平均线上方，且股价越是偏离移动平均线，则越处于正值圈内。当乖离率从 0 移动到正值圈时，可判断股市呈上涨基调，行情良好。

相反，股价位于移动平均线下方，且股价越是偏离移动平均线，则越是处于负值圈内。此时偏离率在负值推移的话，可分析股市整体呈下跌基调，行情不佳。

具体来说，收盘价比移动平均线的值更高时，移动平均乖离率则为正值（正乖离）。通常，当乖离率接近 5% 时，指数将横盘或回调整理。而接近 10% 时，则易出现股价触顶。

与此相对应，当收盘价低于移动平均线的值时，移动平均乖离率则为负值（负乖离）。因为此时与超买相反，当乖离率接近 –5% 时，股价将迎来逆转；接近 –10% 时，股价易出现触底情况。

图表 43　移动平均乖离率

资料来源：SBI 証券サイト画面

观察移动平均线与股价的变动，同时分析数值

接下来将通过日经平均股价图表了解移动平均乖离率。请看图表 44，日经平均股价在 2016 年 2 月 12 日的 **1** 处时，最低价为 14865 日元。与此同时，25 日移动平均乖离率大致跌至底部 –10% 处。为方便您理解，图中 0 处标有横线。

此外，在 4 月 25 日的 **2** 这一时间，最高价达 17613 日元。与此同时，移动平均乖离率上升至正值范围内，数值大致上升至超买基准值，即 5% 处左右。

通过观察股价图表，很容易发现，根据所选时间区间的不同，其移动平均乖离率的数值也有所不同，所以应结合自己的投资风格选择合适的时间和区间进行分析。

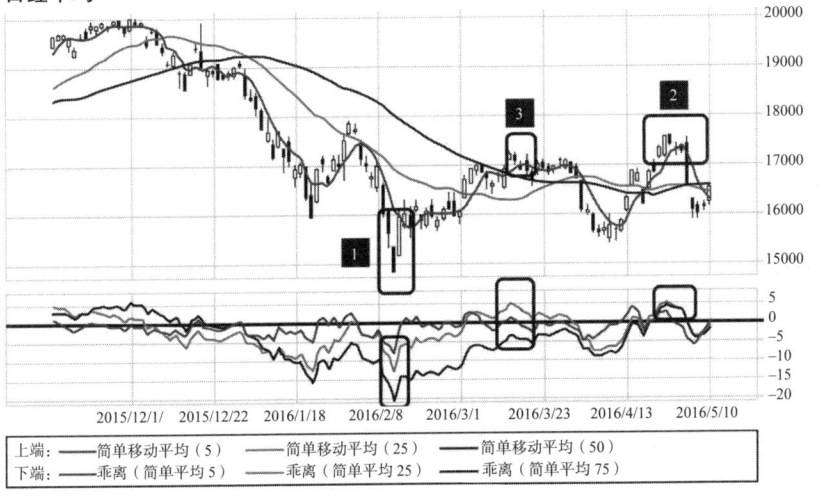

图表 44　移动平均乖离率的买卖信号

资料来源：SBI 証券サイト画面

还可以看到，在 3 时，股价的短期移动平均线并未与长期移动平均线出现较大偏离。通过观察移动平均乖离率，可以了解到 5 日移动平均乖离率在正值范围内变动，但是，75 日移动平均乖离率却是在负值范围内变动。2 与 3 时的股价水平几乎没有什么差异，可是移动平均线处于不同位置时，移动平均乖离率或许会发生巨大变化。

另外，在选购新兴市场股票与中小型股票时，可以说买进抛出的价值变动往往会朝向同一方向。比如说，当抛出数目增多时，相应地，买进数目也会增多，股价极易大幅降低。正是由于新兴市场股票与中小型股票的这一特性，有时还会出现一些极端数值。另一方面，大型股票的交易数目非常多，因此股价的变动相对稳定，这一交易规律常发挥着一定的作用。总而言之，由于大型股票的变动更为稳定，因此相对而言或许更利于操作。

话虽如此，在对新兴市场股票及中小型股票进行交易时，这一技术指标也并非完全无用武之地，移动平均乖离率仍然有一定的利用价值。为更好地掌握股市的行情，使用这一技术指标未尝不可。

> **❗ 重点**
> - 接近 5% 时为超买，接近 10% 时股价易触顶。
> - 接近 –5% 时为超卖，接近 –10% 时股价易触底。

第4章

分析股市趋势,看清股市形势

第1节

分析股市的趋势线，把握股价的方向性

股市趋势转变前，股价会朝同一方向变动。趋势发生转变前，要按照当下趋势进行交易。请您务必牢记股价的几种不同趋势。

细心把握股价方向，按股价趋势进行交易

在分析股价今后会如何变动时，了解当前股价处于何种趋势、具有何种方向性，这一点至关重要。根据股价的变动来分析股价的方向性即股价趋势的方法就叫作"趋势线分析"。

趋势线分析就是要分析股价的方向性，或者说趋势究竟是上升、下降还是横盘。一般来说，在趋势发生转变之前，股价的上升、下降或横盘状态都会持续一定时间。

比如说，某企业向下修正业绩，业绩不良，该企业股价也可能会处于上升趋势。通常，企业业绩不良，股票被抛售，股价应该陷入低迷状态。但在实际的股票投资中，即使某企业业绩不良，只要其业绩没有继续恶化，或是不良业绩在逐步改善，也常常会有股价上涨的现象发生。

或许有些投资者没有考虑股价上涨的背景和股价的动向，便武断地认为"这家公司业绩太差，股价不会上涨"，进而选择卖空（预测股价下跌时采取的交易）。然而如上文所述，在有些情况下，企业业绩不佳但股价仍会呈上升趋势。不仅如此，股价有时不但不会疲软，反而还会出现暴涨现象。这样一来，投资者原本预测股市疲软才卖空，结果股价却无关业绩的好坏，扶摇直上，使投资者大受损失。

像这样，在没有确定股价趋势就贸然采取与股价方向性相反的交易，就极易遭受损失。虽然我们通常会认为股价的变动与企业业绩相关联，但在股票投资中，既会出现过高的判断，也会出现过低的判断，股价变动未必总与业绩挂钩。有时，仅凭个人想当然和周围投资环境的影响就采取股票交易，很有可能损失惨重。

如果想要通过股市投资获利，重点就在于要根据股价的变动方向，采取相关行动。

股价的方向性主要有以下三种，接下来请看图表45，依次了解各种变动。

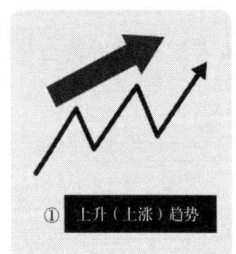

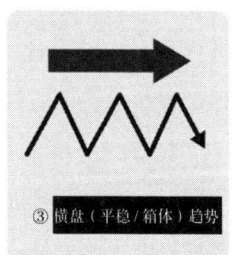

图表45 股价的三种趋势

在分析股价趋势时，往往通过画趋势线的方式来分析、判断当前股价处于哪一种趋势。

尝试画出一条趋势线，连接最高价与最低价

通过观察中长期图表，可以最直观地确认股价大致趋势。或许有人说，尽管了解了所谓"中长期"这一较长时间段内的股价趋势，也很难将其应用到每天的实际股市交易中。想要了解股价在几天或几周的短期趋势时，如果仅仅用眼睛追踪趋势转变时机，很有可能会出现失误。无论是中长期股价趋势的判别还是短期股价趋势的判别，关键就在于画出趋势线。

股价趋势线是将股价图中几处最高价或是最低价相连的线。若要掌握股价的短期趋势，一定要画出其趋势线，观察股价趋势是否发生改变。

画趋势线一定要结合自身的投资风格，亲手绘制，如图表46。对尚未熟练掌握分析方法的新手来说，很难辨别出哪些是重要的最高价和最低价，常会手足无措。

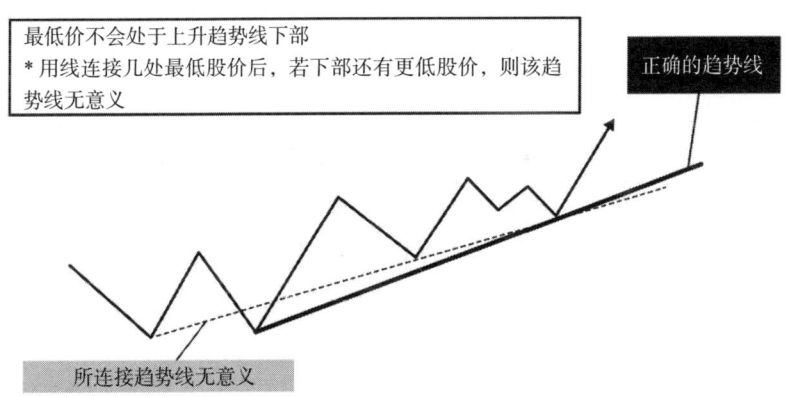

图表 46　股价趋势线的绘制方法

但是，在买进股票或停利抛出股票时，如果没能掌握股价趋势的转变时机，则有可能遭受损失或是错过盈利机会。请利用趋势线分析

方法，尝试按照股价趋势来进行交易。

尝试绘制上限阻力线和下限支撑线

请看图表47。所谓上升趋势，是指股价持续上涨，股价线右肩逐渐高涨，此时趋势线也随着股价线出现右肩高涨的状态。因此，趋势线也是一路上升。通过连接股价上涨时几个主要的最低价，就可以绘制出①下限支撑线。

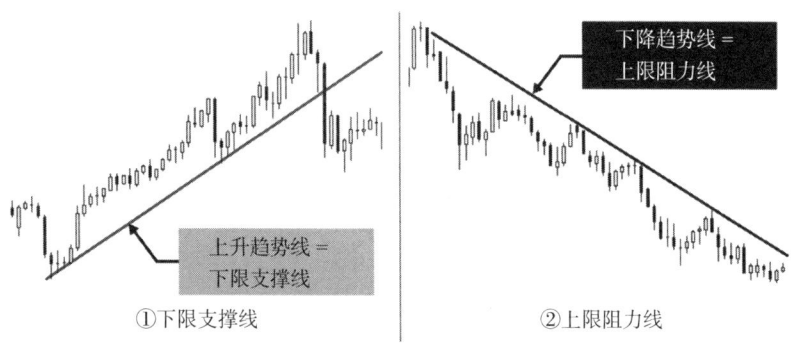

图表47　上限阻力线和下限支撑线

下限支撑线是将股价中几个主要的最低价相连接而绘制出的线条，所以当股价下跌时，该线的一大作用在于可以大致确定止跌点。股价能够按照下限支撑线所示及时止跌固然很好，若股价不仅没有止跌，反而一味持续下跌，通过下限支撑线则可以推断出股价趋势是否具有转变的可能性。

另一方面，下降趋势中，股价呈下跌态势，股价持续跌落，因此趋势线也随之下降。通过连接股价下跌时几个主要的最高价，就可以绘制出②上限阻力线。上限阻力线是将股价中几个主要的最高价相连接而成的线条，所以当股价上涨时，该线会起到阻止股价上涨的作用。

在股价被上限阻力线所压制，难以上攻的情况下，下跌趋势将会持续。而当股价向上穿过上限阻力线时，我们可以推断出股价趋势有可能会发生转变。

另外，当股价呈横盘（小幅波动/箱体走势）趋势时，股价穿行于两条趋势线形成的震荡区间。虽然分别连接了几处主要的最高价与最低价，但由于股价为横盘趋势，所以几个最高价和几个最低价分别处在几乎相同的高度（股价），此时可以平行地画出上限阻力线与下限支撑线。

当股价处于横盘趋势，在上限阻力线与下限支撑线中间时，股价总会向上或者向下突破趋势线，此时即为转势节点。那么相对于趋势线而言，股价会作什么样的运动呢？这就需要我们在实际操作中多加观察。

趋势线的作用随着与股价位置关系的变化而变化

在股价持续呈现某一趋势时，上限阻力线与下限支撑线的作用不会改变。然而，当股价趋势发生转变时，原来的股价与趋势线的位置关系就会发生转变。换句话说，当股价趋势发生转变时，趋势线就会发挥与此前不同的作用。

请看图表48。在这里，请以股价从横盘趋势转变为上升趋势为例进行思考。当股价处于横盘趋势时，股价处于震荡区间。股价位于震荡区间时，趋势是不变的。

但是，股价向上突破了一直以来作为上限阻力线起作用的趋势线一路高涨，如此一来，原本处于股价上方的上限阻力线此时处于股价的下方。因此，原本作为上限阻力线发挥作用的趋势线这时转变成了下限支撑线。

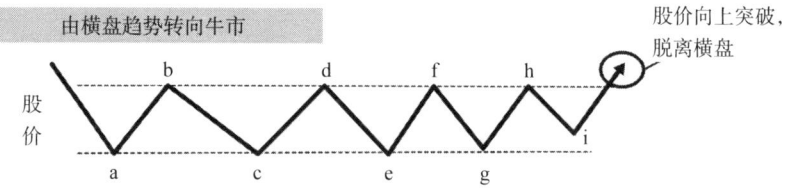

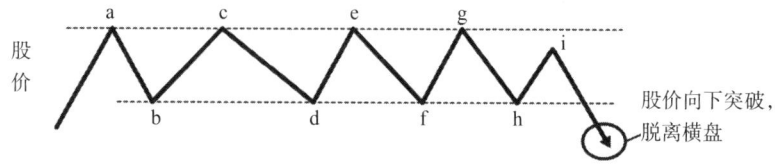

图表48　趋势开始脱离横盘

相应地，当股价从横盘趋势转变为下跌趋势时，股价穿过下方的下限支撑线。在这种情况下，此前位于股价下方的下限支撑线转而位于股价上方。因此，原本作为下限支撑线发挥作用的趋势线也就转变成上限阻力线。

像这样，当股价从上下方突破原先的趋势线即上限阻力线与下限支撑线后，股价趋势就发生了转变。但这并不意味着原来的上限阻力线与下限支撑线不复存在，实际上，股价趋势线的作用只是与原来相反而已。

也就是说，当股价穿过趋势线，股价趋势发生转变时，此前的趋势线并没有终结其作用，而是摇身一变发挥了新的作用。一般而言，只要趋势线存在，那它就会发挥作用，所以请尝试着绘制出尽可能长的趋势线吧。

综上所述，在分析股价与趋势线的关系时，考虑到今后趋势线与股价将呈何种关系尤为重要。

在分析上升趋势时绘制下限支撑线

请一边观察具体的股价图,一边分析上升趋势、下降趋势以及横盘趋势。以上升趋势为例,下图为 Sosei 集团(4565)的股价图。(见图表 49)

Sosei 集团(4565)

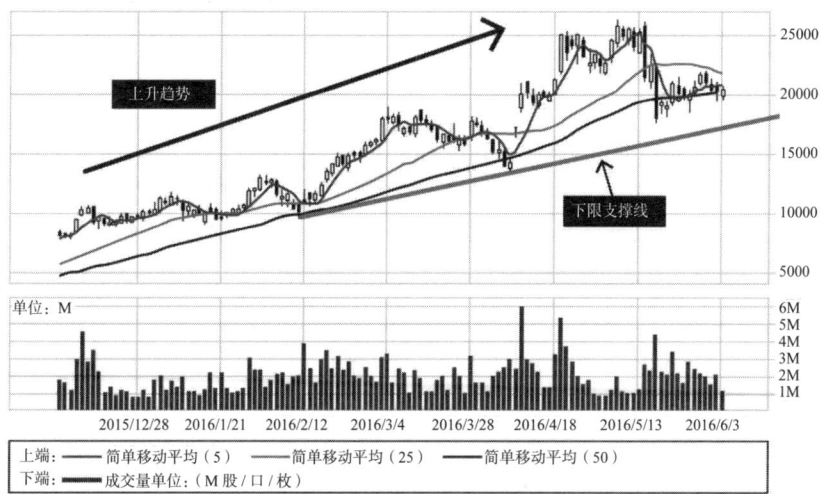

图表 49　上升趋势持续时

资料来源:SBI 証券サイト画面

通过连接股价的几处最低价,就能够绘制出一条下限支撑线。通过观察股价图可知,到 2016 年 5 月的最高价为止,股价在上涨与下跌中循环往复,但总的来说一直呈上涨态势。我们还能看到股价通常位于趋势线上方,上升趋势没有发生转变,股价在持续上涨。

到了 2016 年 6 月时,股价位于趋势线上方。一般认为,下线支撑线如有效发挥作用,则上涨趋势会进一步持续,而股价则会在下线支撑线的附近止跌。

为了了解之后的股价会如何变动,请看图表 50。

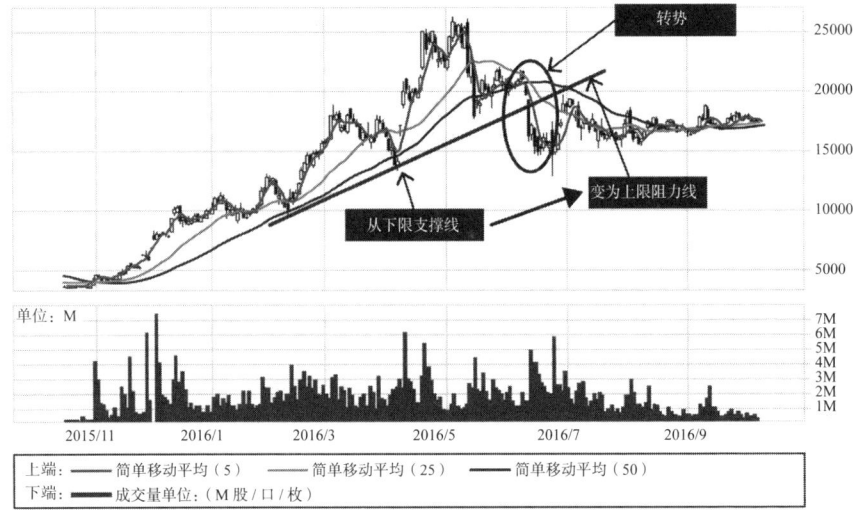

图表 50　从上升趋势转变为其他趋势时

资料来源：SBI 証券サイト画面

一般而言，股价持续上涨后会触顶，然后会因价格下降而转换为下跌趋势，并持续下跌到触底。

Sosei 集团（4565）的股价持续上涨，于 2016 年 5 月左右触顶。随后，股价虽然跌落了，但仍然在下限支撑线的上方。可是，在那以后股价持续下跌，到了 2016 年 6 月，股价不但没有因为下限支撑线而止跌，反而进一步下跌。可以看出，原本位于股价下方的下限支撑线在那之后位于股价的上方，趋势线的作用从下限支撑线转变为上限阻力线。

由此可见，股价未必会因趋势线而停止变动。股价每天都处于变动之中，若能敏锐地察觉其变化，便可规避损失。如果能画出趋势线，至少可以捕捉到股价突破趋势线的时机。股价较高时保持持仓，或许会有一定薄利，但更重要的是，作出趋势线能够避免损失发生时的进一步深陷。仅仅凭借基本面分析就想先人一步捕捉到股价的变化是不可能的，但进行趋势线分析可以使损失降到最小，这点十分重要。

在分析下跌趋势时绘制上限阻力线

让我们以下跌趋势为例，一起来观察迅销公司（9983）的股价图表。请看图表51。连接最高价，可以绘制出上限阻力线。

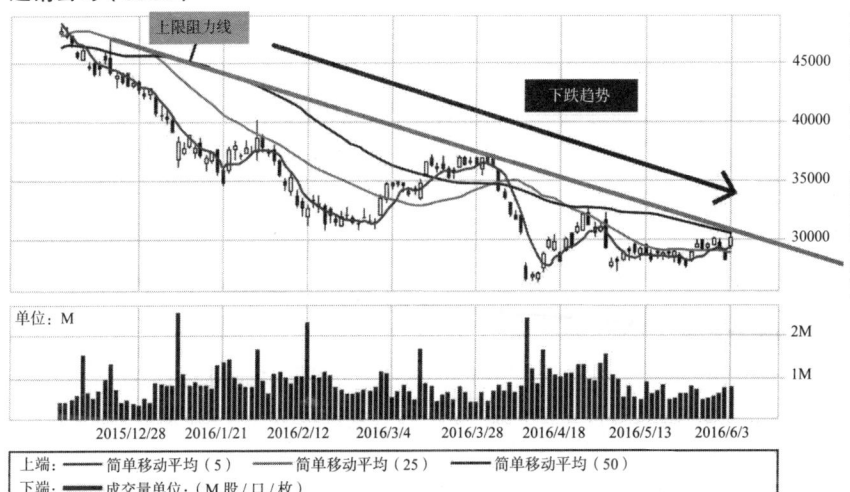

图表 51　股价持续呈下跌趋势时

资料来源：SBI 証券サイト画面

由图表可知，股价从 2016 年初开始，一直呈下跌趋势，而上限阻力线则一直在抑制股价。通常，股价的下跌态势将会持续到股价触底，这时趋势才会有所转变。

那么，在那之后股价又会如何变化呢？请看图表52。持续下跌的股价在 2016 年初依旧下跌，但从 2016 年 4 月起，股价不再大幅下跌，开始出现止跌的征兆。

迅销公司（9983）

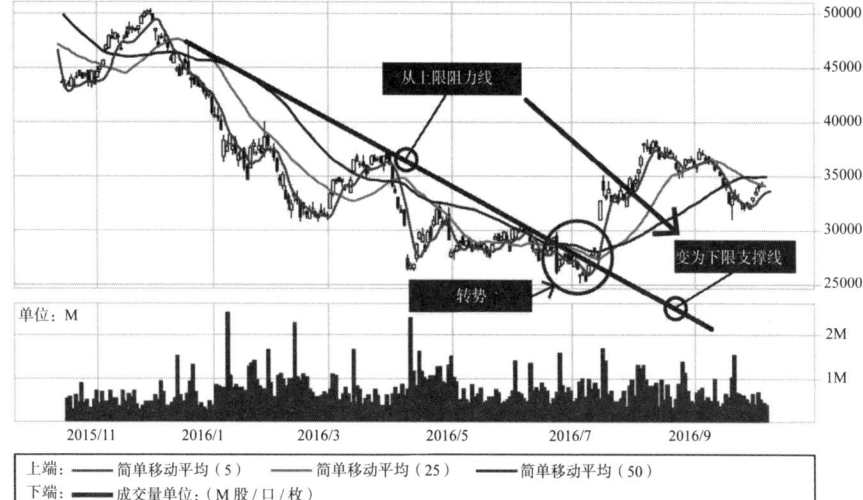

图表 52　从下降趋势转变为其他趋势时

资料来源：SBI 証券サイト画面

但是，股价会止跌还是转跌为涨呢？此时无从得知。2016 年 7 月左右，股价终于触底转势。此时，股价突破了一直以来抑制股价上升的上限阻力线，转跌为涨，也就是从下降趋势转变为上升趋势。

下跌趋势中的股价还在跌落，此时买进会产生亏损。但如果股市由下跌转势为上升，那么股价下跌的风险降低，可放心买进。当然，即便股价突破了趋势线也不一定会止跌。

但如果随着大环境买卖股票，就搞不清楚股票到底是涨还是跌，情绪也容易被股价左右。

从降低风险来说，用趋势线分析股市是非常有意义的。

在分析横盘趋势时绘制上下两条趋势线

让我们以三菱 UFJ 金融集团（8306）的股价图为例，来看看横盘趋势。请看图表53。

股价一直呈下跌趋势，这种状态持续到2016年2月中旬。

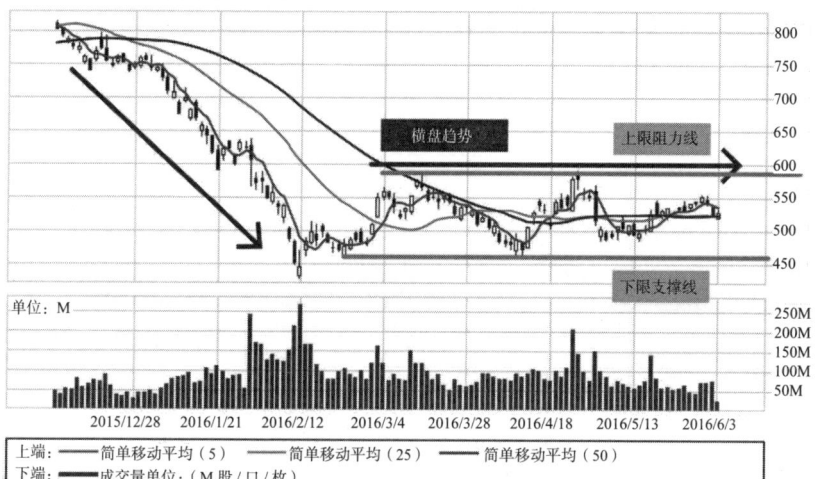

图表53　横盘趋势持续时

资料来源：SBI証券サイト画面

但是我们可以看到，股价在2016年2月出现触底，并在短期内呈横盘整理。在分析横盘整理时，连接股价的几个最高价，绘制出上限阻力线，接着，连接股价的几个最低价，绘制出下限支撑线。如图表所示，当股价横盘整理时，两条趋势线几乎呈平行关系。

那么，随后股价是怎么变化的呢？请看图表54。

股价从2016年2月开始出现横盘趋势。可以看到，即使到了9月，横盘趋势仍在持续。处于横盘趋势时，股价波幅随实时的行情有所变化，在图表53中，有时价格甚至低于下限支撑线。

像这样股价向下突破横盘趋势的情况也是有的，但是一般来说，横盘趋势下的股价大多在震荡区间运动，所以我们可以在股价靠近下

三菱UFJ金融集团（8306）

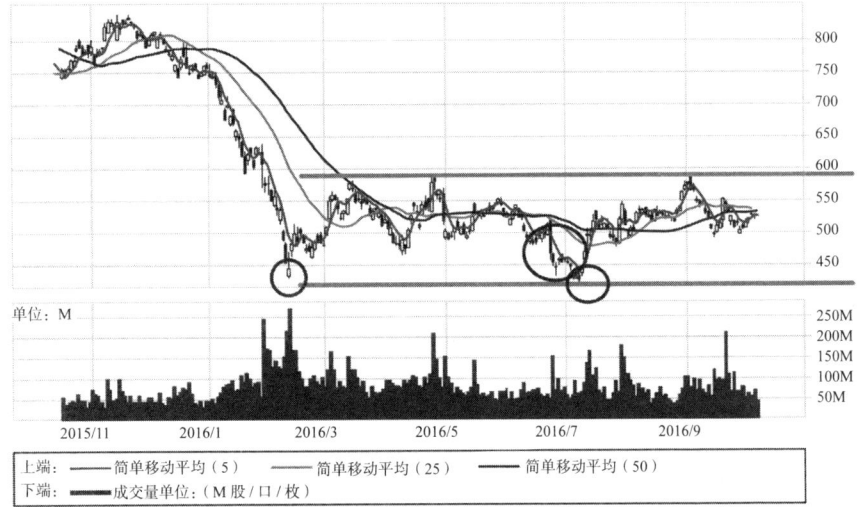

图表54　下切横盘趋势的低价值

资料来源：SBI証券サイト画面

限支撑线时买进，在靠近上限阻力线时卖出。

但是，横盘趋势并不会长久。但凡股价向上或向下突破了震荡区间，新的趋势就会产生，这是在判断今后的股价会发生怎样的变化之前要注意的。

我们已经以具体的股票为例分别观察了上升趋势、下跌趋势与横盘趋势，并了解到，无论哪一种趋势，只要趋势还没有发生转变，那么这种趋势就很有可能会继续保持下去。而如果股价趋势发生转变，股价也就随着新的股价趋势蠢蠢欲动。

如果未能尽早注意到股价趋势转变的苗头，就很有可能会导致利益减少甚至亏损。要时常关注趋势是否有变。

> **！重点**
> - 找出主要的最高价与最低价，绘制趋势线，这一点非常重要。
> - 通过绘制趋势线，可知趋势线大致分为三种：（1）上升趋势；（2）下降趋势；（3）横盘趋势（小幅波动/箱体）。
> - 要留意股价趋势是否有变，弄清趋势线与股价的关系。

第2节

结合股价趋势，运用不同的交易方法

股票交易方法有"顺势交易"与"逆势交易"这两种，结合股价趋势采取恰当的交易方法尤为重要。请牢记这两种交易方法的区别，并在实际的交易中进行操作。

上升趋势时采取顺势交易

在股票交易中，有"顺势"与"逆势"两种（请参见第1章）交易方法。每个人所擅长的交易方法都不同，从根本上来说，只要能够选择出适合自己投资风格的交易方法就可以了。可是，想要通过股票投资盈利的话，就必须结合当时的股价趋势进行交易。如果不能结合当时的股市行情随机应变，改变投资手段，就很难最大限度地提升您的投资表现。首先，让我们从顺势交易着手吧。

所谓"顺势交易"，就是预测股价即将上涨时所采取的交易方法。简单地说，就是当股价处于上涨趋势时，顺应股价的趋势买进股票。

打个比方，一只股票长期以来一直处于持续下跌趋势，现在触底转跌为涨，这种情况往往会迎来长期的持续上涨。

上涨趋势中的股价最低价会升值上涨，但这并不意味着股价每天都一定会上涨。在股价上涨过程中，有时也会出现暂时下跌，这时应该买进。一般来说，这种买进正处于上升趋势的股票的交易方法就叫作"抄底买进"。

请看图表55。股价不断上升和下降，呈波浪式上涨态势。股价出现暂时下跌，但有趋势线在下方支撑止跌，股价与趋势线相交的这个触点就是"谷底"，即触底，此处买进就是股票抄底。

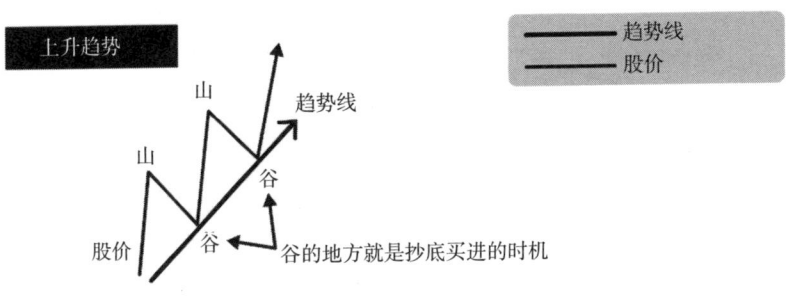

图表 55 抄底买进的方法

一般来说，抄底买进这种交易方法是投资者预测到之后股价将会上涨而采取的一种买进方式，这是一种以股价上涨为前提的交易方式，因此，只要不是在股价顶部附近买进，一般都是逢买必赚，因而也被认为是容易盈利的交易方式。

可是，世界上没有永远保持上涨的股票。股价的下跌是暂时现象，止跌后会继续上涨还是就那样一蹶不振地持续下跌呢？想要预测出这一点无疑有很大难度。

有时候也会发生这种情况：投资者按照自己认定的抄底信号买进股票，结果股票不仅没涨反而还出现了下跌，其原因在于这不是真正的抄底。尤其是高价圈里的股价，投资者认定出现了抄底而买进股票，结果却遭遇了触顶，这样的情况也不少。所以，股票交易时千万要谨慎，还要灵活应变。

顺势高价时采取抄底买进的方式

请看下方图表56：Sosei集团（4565）股价图，让我们一起来了解抄底买进的重点。

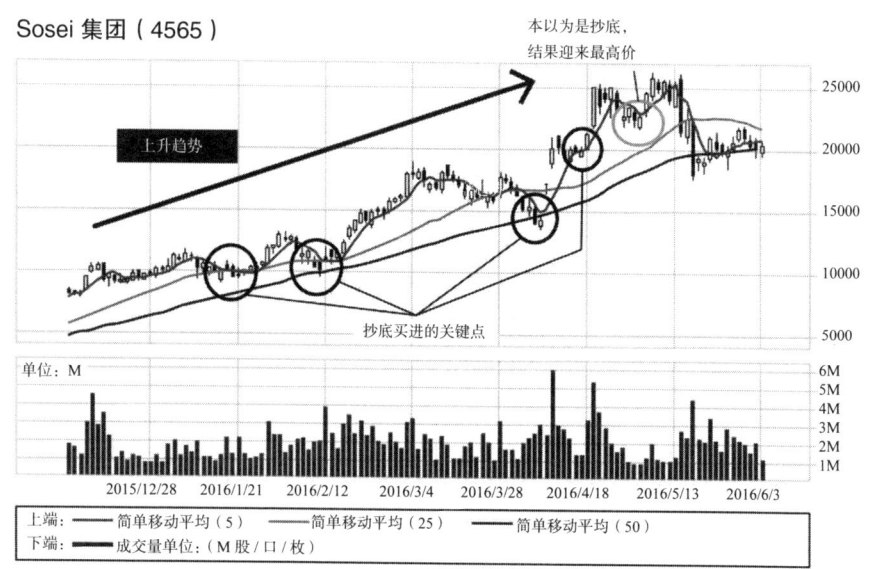

图表56　上升趋势中的抄底买进

资料来源：SBI証券サイト画面

当我们购买某只处于上升趋势的个股时，在其上升阶段初期，只要不立即出手，无论在哪个价位买进都能赚一笔，因为这是以股价总体会呈上升趋势为基本前提的。

但是，如果是在上升趋势收盘时买进股票，由于股价从抄底的关键点到触顶时的波幅变小，因此股价可能会在转瞬之间见顶回落。

接下来让我们观察股价图表进行更为具体的思考。由于2016年1月、2月、3月左右的股价处于上涨过程中，因此，在这些时间段采取抄底的话会盈利。可到了 5 月，我们可以看到股价图表中的股价转涨为跌，趋势发生变化。实际上，股价此时正在触顶下跌。

投资者往往只考虑对自己有利的行情，股价上涨时会轻松地认为，"看样子一定还会继续上涨的"，但却完全想象不到股价很快就要触顶了。就算经过一段时间的冷静思考，能够恍然大悟，"哎呀，股价已然触顶了！"但股价何时触顶、当时的股价又是多少，却完全不知。因此，若是在股价即将触顶之际买进了股票，一旦错过停利时机就很难再有好的抛出机会，甚至还有被套牢的风险。就算您抄底时高价买进了某只正处于上升趋势的个股也不用担心，因为只要在股价触顶之前，就一定还会有人愿意花更高的价钱买进股票。

为了降低风险，即使某只股票处于上升趋势，也要结合其他技术指标考虑好这只股票的股价是否合适、是否处于采取抄底交易的有利时机等，只有在此基础上的投资才称得上明智之举。

股价呈下跌趋势时采取逆势交易方式

股票交易的另外一种方式就是"逆势交易"，这种交易一般存在于某些长期处于跌落的股票中。虽然从长远来看股价处于下跌趋势，但是股价有跌必有涨，短期内股价也会有上升。

逆势交易，就是瞄准这样一个长期的下跌趋势中发生的短暂上升（触底反弹）时机，买进股票，然后在股价实现预期上涨时迅速脱手的交易方式。

一般来说，股价会缓慢上升。但是，一旦下跌，股价也会飞速跌落。跌幅越大，短期的股价上升即触底反弹的力度也就越大。因此，在某些情况下，比起顺势交易，逆势交易更能在短期内获得巨大收益。

请一边观察图表 57，一边思考逆势交易方式。一般来说，逆势交易是在股市出现消极信息后股价下跌的情况下，瞄准股价短暂的反弹上涨时机而进行股票交易的方式，它与股价的变动趋势和下降趋势是背道而驰的，也就是说，这是一种逆势买进再抛出的交易方式。股价虽然正处于下跌，但是在这一过程中，股价时而小幅反弹时而下跌。在股价反弹时的"谷"部买进股票，待到"山"部（波峰）再转手抛出，即为逆势交易。

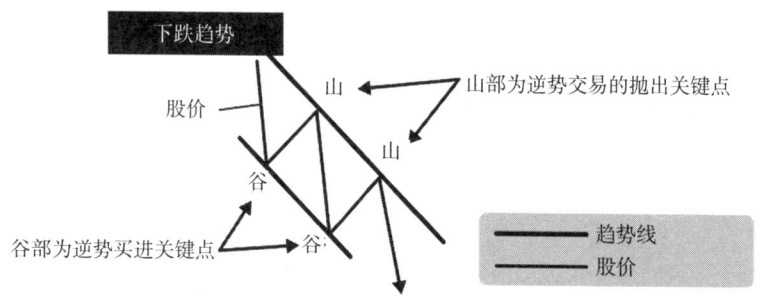

图表57　逆势交易方式

逆势交易的前提是股价处于下跌态势，因此，若股价长期处于上升趋势，则不在考虑范围内。股价只会在短期内有所上升，所以，一旦错过抛出时机，就很有可能遭遇亏损。可以说，与顺势交易相比，采取逆势交易这一方式时更难确定交易时机，亏损的可能性也更高。

尽管股价可能已经上涨到预想的停利点，但是，如果心中欲望膨胀，想着"或许还能继续涨吧"而不肯出手，就会错失抛出的最佳时机，蒙受损失。此外，常常会有投资者将股票抄底买进与逆势买进混为一谈，从而导致所持股票长期亏损。因此，逆势时买进股票的重点就在于一定要提前设定好股票的停利点，严格按照自己所设标准来交易。当股价出现反弹，股票难以出手时，没有必要固执地采取逆势交易。股市中有一句格言，休养"生息"，所以，只要选择自己所擅长的交易进行操作即可。

另外，当某只处于高价位的股票出现价格调整时，很难判断此时买进股票属于抄底还是逆势。在这种情况下，往往要留心观察股价的转变时机和其他技术指标，加强风险管理，以避免亏损。

在股价逆势时采取反弹交易的方法

接下来请看图表58，让我们通过迅销公司（9983）的股价图来了解逆势交易中的重点。

迅销公司（9983）

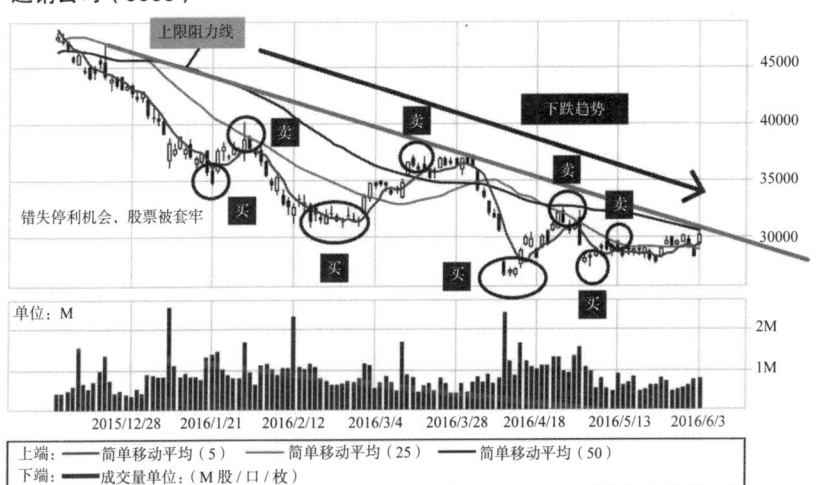

图表58　下跌趋势中进行的逆势交易

资料来源：SBI証券サイト画面

股价虽然处于下跌趋势，但并不是每天都在下跌，而是处于跌而涨、涨而跌如此循环往复的状态。在股价大幅下跌时买进股票，随后在短期内看好股价上涨时机就出手，这样的交易方式即为逆势交易。

通过观察股价图表，我们可以看到股价未能突破上限阻力线，而且一直保持下跌的态势。股价处于下跌趋势时，原本的高股价飞速跌落,还有持续下跌的倾向。

此外,一般而言,虽然股价处于上升趋势时会缓慢上涨,但下跌时却会毫不含糊地飞速跌落。因此,如果乐观地认为"股价或许还会上涨"而不肯出手,导致错失停利时机,那么,股价渐渐下跌后,就难以找到合适的抛出机会,还有可能被套牢。

在股价转势前,股市的整体走势不会发生变化。采取逆势交易时要结合其他技术指标,实施反弹交易,保证获利。

横盘趋势时要采取逆势交易姿态

股价处于横盘趋势(小幅波动/箱体)时采取逆势交易也不失为一个好办法。在股价处于横盘趋势时,股价位于上限阻力线与下限支撑线之间,即在震荡区间内上下波动。因此,我们可以通过"下限买进、上限卖出"的交易方式,将利润真正握在手中。

然而要注意的是,股价不会始终处于横盘趋势。举例来说,如果股市出现积极信号,买进量增多,股价就会向上突破横盘趋势。与此相应,如果股市出现消极信号,投资者纷纷抛出股票,股价则会向下突破横盘趋势。

请看图表59,毫无疑问,股价在横盘趋势时穿行于上限阻力线和下限支撑线之间。可当市场上出现积极信号时,股价就会向上突破上限阻力线。而当股票市场上出现消极信号时,股价就会往下突破下限支撑线。

横盘趋势下的基本操作是股票买进,如果股价挣脱横盘而上扬,利润会不断扩大,这种情况不存在任何问题。

但如果股价向下突破横盘趋势,就多半会遭受损失。一旦波幅缩小,若非企业的业绩骤然好转或是市场行情整体改善,就很难再回到原本的波幅,而且这要耗费相当长的时间。倘若不理会股价在横盘趋势中已突破下方的趋势线，只会让原本损失的资金如石沉大海。从资金使用效率的观点来看，这可算不上明智。

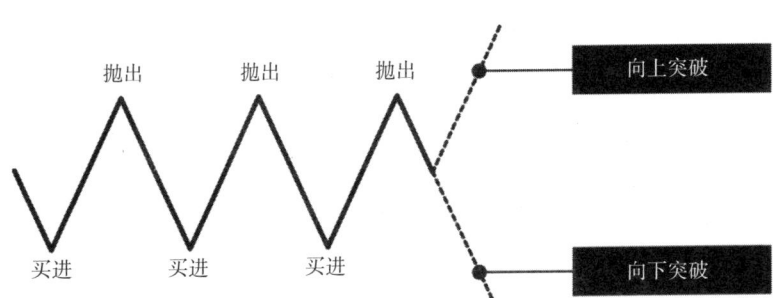

图表 59　横盘趋势中的突破

投资者总想着什么时候才能大赚一笔，却很少考虑发生亏损时该如何是好，所以有可能因贪婪而在股市打败仗，错过抛出时机。请您务必用心牢记，要严格按照股市趋势进行交易。

要结合其他技术指标，多多留意股价趋势，判断股价是否有突破横盘趋势的动向，这一点可谓至关重要。

股价小幅波动时采取逆势交易法

图表 60 是三菱 UFG 金融集团（8306）的股价图，请看逆势交易的重点。股价呈小幅波动时，一定程度上决定了股价的上限价格和下限价格。因此，此时可以在靠近下限支撑线附近买进股票，在上限阻力线附近抛出股票，如此循环交易。

然而，在股价呈横盘趋势时，无论股价上涨还是跌落，只要突破震荡区间的边缘，就会产生新的趋势，出现股价趋势转变时机。尤其要注意的是，下跌趋势出现时特别容易造成亏损，所以一定要多加注意，不要错过股价转势时机。

三菱 UFJ 金融集团（8306）

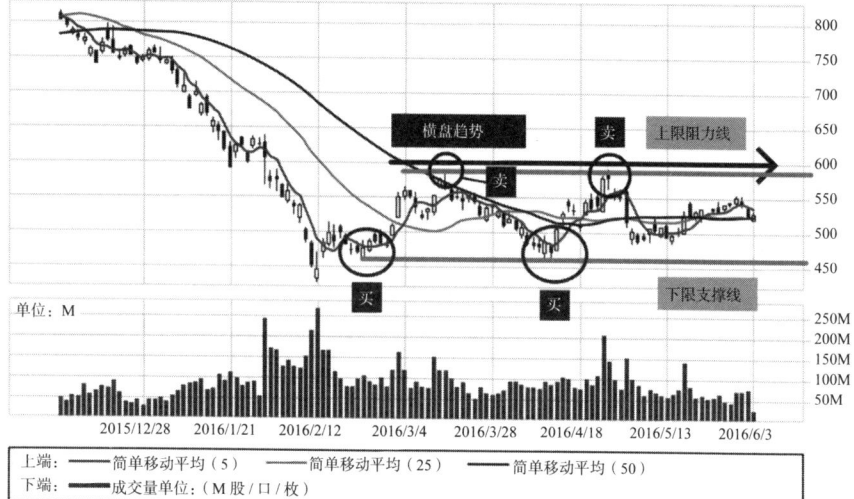

图表 60　横盘趋势时的逆势交易

资料来源：SBI 証券サイト画面

重点

- 股价呈上升趋势时，采取顺势交易。
- 股价呈下跌趋势或横盘趋势时，采取逆势交易。
- 切莫错过转势时机。

第3节

分析图表形态，解读股价动向

当股价转势、股价触顶或者股价触底时，会出现一些具有代表性的图表形态。通过这些具有代表性的图表形态，可以尽早察觉股价转势时机，请您务必牢记。

最应记住的入门级代表性图表形态

股价转势时会出现几种不同的股票图表形态。为了能先人一步发现股价转势时机，向您推荐几个具有代表性的图表形态。

如下所示：

（1）三角稳定形态（即三角形态）；

（2）双顶形态（或者双底形态）；

（3）头肩顶形态（或者头肩底形态）。

让我们从（1）开始按顺序了解这三种形态。

请记住典型的三角形态

股价的常态是时而上升，时而下跌，在这一过程中，股价既会从最高价跌落,也会从最低价上涨,如此变动。如果此时分别在最高价与最低价处画出上限阻力线与下限支撑线,就会形成一个三角形的图表形态,这就是三角形态。

请看图表61。根据三角形态中三角形的尖端朝向,又分为上升三角形、下降三角形以及对称三角形。无论哪一种三角形图表形态,尖端处都是逐渐变窄,即股价的波动范围越来越小。由于三角形的尖端最后会闭合,因此股价会在上方或下方突破趋势线,股价突破趋势线就叫作"波动区间突破"。

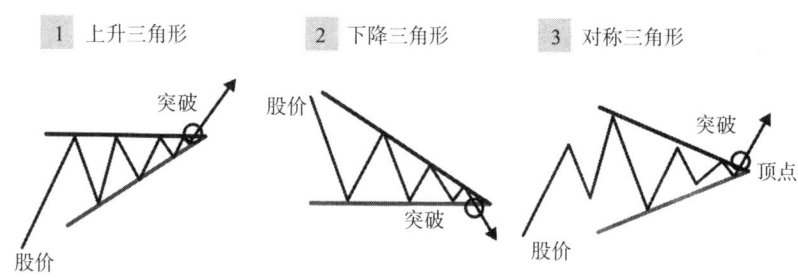

图表61 三角形态示意图

图表形态(1):三角形态实例

请看图表62所示的日经平均股价图,并观察三角形态的变动。我们可以看到,股价在2016年初呈三角形态并持续一段时间,既没有上升也没有下降,所以此时我们也可以推断,这是一个对称三角形的图表形态。

至2016年5月前后,股价一直在三角形中波动,并逐渐演化为向上或向下单边突破三角形态的态势。股价一旦突破上限阻力线和下限支撑线,将会出现新的股价趋势。无论股价会向上还是向下突破趋势线,投资者都要注意,不要错过股价穿过趋势线的时机。

接下来我们来看一看图表63,一起了解股价是如何变动的。

日经平均股价

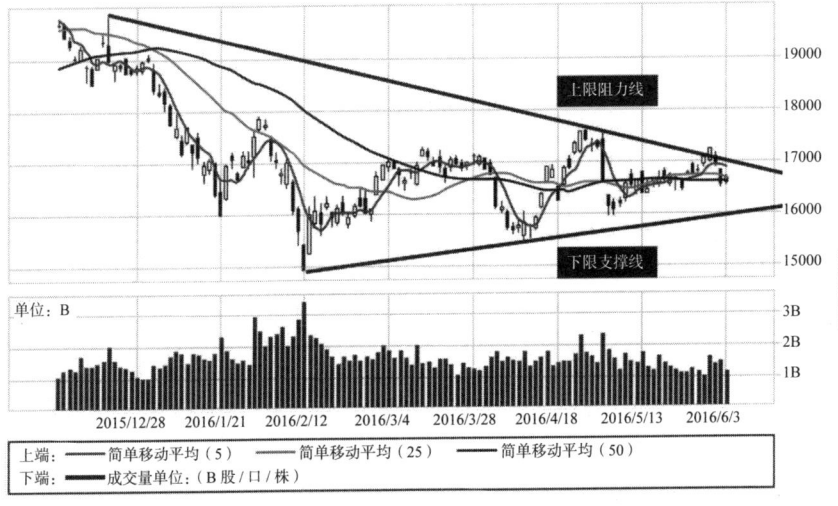

图表 62 三角形态

资料来源：SBI 証券サイト画面

日经平均股价

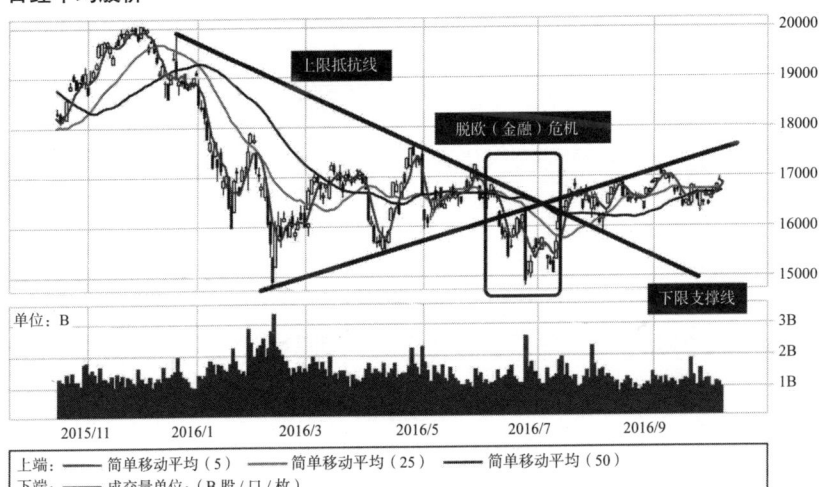

图表 63 三角形态的转势

资料来源：SBI 証券サイト画面

之后的股价也在三角形态中波动。然而6月24日，英国针对是否脱欧这一问题展开了民众公投，公投的结果是英国脱欧，也就带来了所谓的"脱欧（金融）危机"。

通过观察股票图表我们可以看到，就在脱欧危机之前，股价的下跌态势变得强劲，并向下突破了下限支撑线。股价随着脱欧事件在短期内剧烈变动，此前充当下限支撑线的趋势线摇身一变成为上限阻力线。如今的情况是股价在新的上限阻力线与下限支撑线之间波动，又回到了三角形态。

像这样，当股价向下突破三角形态时，随着股市行情的变化，难免会有亏损，所以，此时的关键在于留心股价是如何突破三角形态的。

请记住典型的双重顶（双重底）形态

在股价触顶或触底时容易出现两种图表形态：双重顶（或双重底）和头肩顶（头肩底）形态。

双重顶是股价触顶时的常见图表形态。如果股价上升，必定会涨到一个顶点，然后转涨为跌，几乎一个股价周期就会有一次触顶。但如果股价整体走势强劲，股价下跌之后会再次反弹上升至股价顶附近，形成新的股价顶。这时股价的形状就像与字母"W"相反的"M"一样，有两个尖顶，因此叫作"双重顶形态"。

图表64所示的就是双重顶与双重底形态。在M字形的正中间横向引出的线，即为颈线。股价向下穿过这条颈线，由上升到下降的趋势变动十分明显。

另一方面，双重底是股价触底时的常见图表形态。股价往往会在下跌后触底回档上涨。通常股价只会触底一次，但如果股价下跌趋势强劲，则会再一次跌落至最低价附近，从而出现两个最低价的现象。

两个最低价出现时，股价图形态宛如英文字母"W"，因此称为"双底形态"，也称为"双重底"。在这个 W 的正中间横向引一条线即为颈线。股价突破颈线，则股价明显由下跌趋势转为上升趋势。

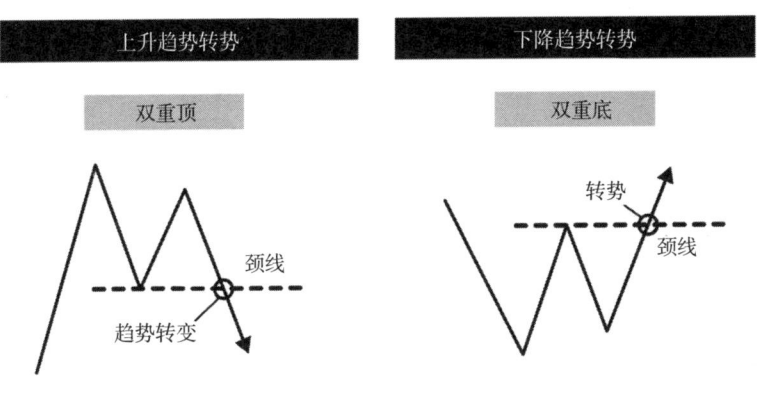

图表 64 双重顶与双重底形态

一般来说，在双重顶形态中，第一个最高价涨高的话，第二个最高价会稍低于前者。同理，在股价的双重底形态中，第二个最低价往往要稍高于第一个最低价。毫无疑问，凡事无绝对，股价并非总会这样变动。能否正确推断出股价的方向性与转变点，还需要结合其他技术指标进行综合考量。

图表形态（2）：双重顶形态实例

让我们一起通过图表 65 的日经平均股价图来具体了解双重顶形态。2015 年 6 月，股价最高价达到 20952 日元，8 月份最高价则达到 20946 日元，此时正是一个典型的双重顶图表形态，股价触顶的可能性非常之高。果不其然，股价随后穿过颈线下部，原本持续上涨的股价趋势此时明显转涨为跌。

自安倍经济学出台以后，日经平均股价长时间呈上涨趋势。然而，

2015年中国股市出现断崖式下跌后，股价以双重顶形态触顶，趋势发生巨大反转。

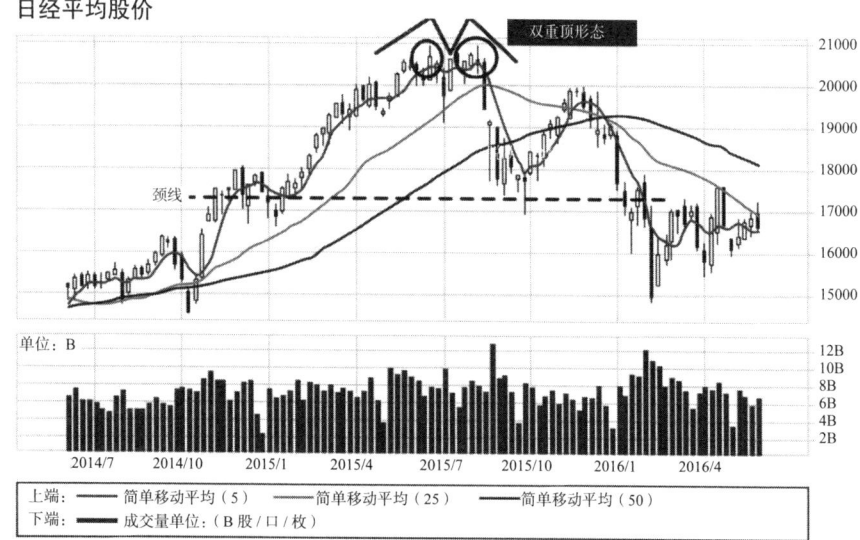

图表 65　股价双重顶的转势

资料来源：SBI 証券サイト画面

像这样，如果一只股票长期以来所保持的趋势发生变动，那么多数情况下该趋势会一直保持到下一个趋势出现。所以，此时的关键就是不要让趋势反转的时机从眼前溜走。

请牢记典型的头肩顶（或头肩底）形态

头肩顶形态是股价触顶时出现的图表形态。双重顶形态的顶部有两座"山"，而观察图表66可以发现，头肩顶形态有三座"山"，最高的"山"被左右两边较低的"山"夹在中间。这三座"山"也被称作"三尊"。

从正中间"山"的起点处横向画出一条线，即为颈线。若股价向下突破这条颈线，就是明显的由上涨趋势转为下跌趋势。

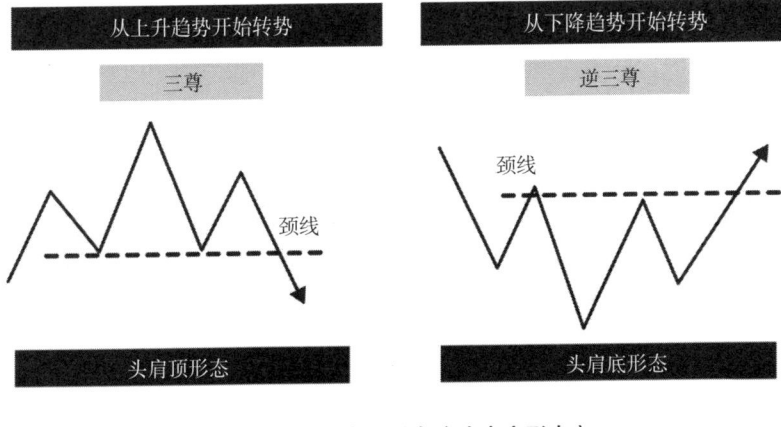

图表 66　头肩顶形态（头肩底形态）

相反，股价触底时常会出现头肩底形态。双底形态中有两个"谷"部，而头肩底形态则有三个"谷"部，正中间的"谷"最深，即股价最低。它与前文所说的三尊顶正相反，也称"逆三尊"。

从正中间"谷"的起点处横向画出一条线，即为颈线。若股价向上突破这条颈线，就是明显的由下跌趋势转为上涨趋势。

双重顶（或双重底）形态和头肩顶（或头肩底）形态都是分析股价触顶和触底时常用的图表形态，请记住它们的形状，灵活应用。

通过头肩底实例分析股价图

接下来，让我们通过具体的股价图来观察头肩顶的图表形态。图表 67 为 WTI 原油（美国西得克萨斯中质原油）期货，K 线图为周线图。

2015 年 8 月原油价格为每桶 37.75 美元，股票出现最低价，此后股价反复波动并下降（❶处）。在那之后，2016 年 2 月又以 26.05 美元的单价触底，发生反转（❷处）。

在那之后，价格在上升与下跌的波动之间出现中长期上涨。2016 年 8 月，原油价格以每桶 39.19 美元的价格触底（❸处）。原油价格以每桶 26.05 美元形成了"山"底，每桶 37.75 美元和每桶 39.19 美元的单价则形成两侧的"山"底，我们可以看到，图中呈现出一个标准的头肩底（逆三尊）形态。

原油（WTI 原油期货）

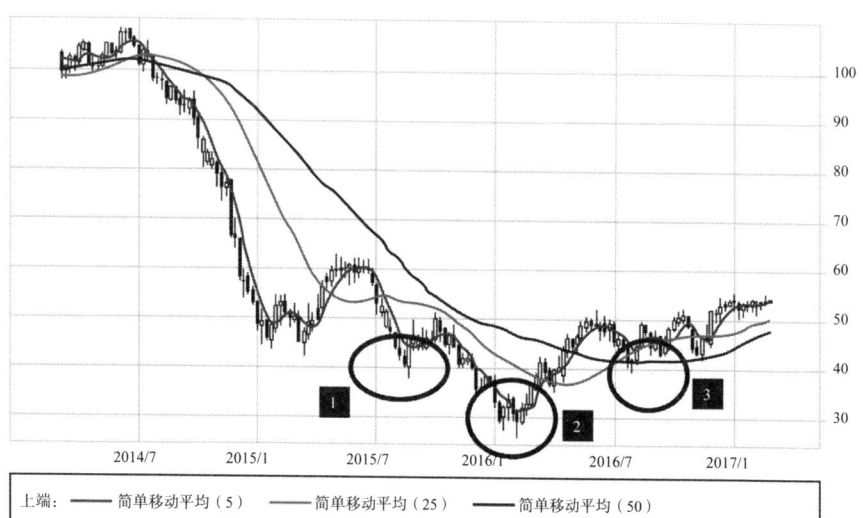

图表 67　头肩底的实际案例

资料来源：SBI 証券サイト画面

在下跌趋势（或者上升趋势）长期持续时，往往会形成具有代表性的图表形态，这常常标志着股价趋势的转变。为抓住转势时机，请多关注每日股价的变动。

重点

- 三角形态时，要留心股价向上或向下突破趋势线的转折点。
- 典型的触顶双重顶形态和头肩顶形态。
- 典型的触底双重底形态和头肩底形态。

第4节

形容股价波动的艾略特波浪理论

以一定的模型来表示股价波动的技术指标就是艾略特波浪理论，该理论由上升波浪与下降波浪构成。接下来让我们来了解一般情况下股价所处的波浪位置。

表现投资者心理状态的艾略特波浪

股价一上涨，一些投资者就会想当然地觉得"股价一定还会继续涨，我要快些下手（买进）"。相反，股价一旦下跌，他们则会认为，"也不知道股价跌到什么时候是个头，还是快快抛出吧"。在股价变动时，我相信很多投资者都怀有上述心态，因此，在股价的变动过程中有一定的波动形态。

艾略特波浪理论认为股价有基本的波浪形态，并以此为基础对股价进行分析。到现在为止，为大家介绍过的技术指标都有一个计算公式。因此，在使用电脑或者手机等工具时，我们只要通过股票图表选好想用的某种技术指标，电脑或手机就会自动地将计算好的技术指标展现在股价图上。

但是，运用艾略特波浪理论则没有这么简单，想要知道股价如今处于何种波浪形态，只能自己进行计算。有的人在刚开始进行股市投资时就想在股市中赚一笔，这实属人之常情。因此，在考虑股价的方向性时，难免会将股价形势想得有些理想化。不可避免的是，这一技术指标深刻地反映了一个人对股市的思考方式，即股市观。

股市本是人操纵的，每天都在变化之中，个人将股价的波动形态计算错误也是家常便饭，毕竟新手一开始就能计算出准确结果本就是天方夜谭。在这里要提醒您，一定要提前在脑海中记住：如果自己不亲自计算，别人的意见只能用作参考，若是一味参照他人计算出的股价波动形态，常常会有失误的隐患。

股价上升时有5个波浪，下跌时有3个波浪

首先来了解艾略特波浪的基本构成。图表68利用艾略特波浪理论将股价的波动展现出来，让我们一边观察这个图表一边思考它的构成，易于理解。一般来说，股价在上升与下降中整体呈波浪式上升趋势。接着，股价上升到一定程度时会迎来最高价，也就是股价触顶。触顶后股价开始转涨为跌，整体变为下跌趋势，下跌一段时间后就会触底。

艾略特波浪理论以股价开始上升再到下降结束为一个股市循环。而在一个完整的股市循环中，大致可以分为两种波动，即股价上升时的上升波动与股价下跌时的下跌波动。基本上，牛市时由5次波动构成，熊市时则由3次波动构成。

股价上升至触顶的上升波动由1~5波总共5个波动构成。这5个波动又由1、3、5波这3个小的上升波浪构成。上升趋势中的股价，其上升波动势力也很强劲，牛市出现时，强势的上升波动又会由5个小浪构成，这种强势的上升波叫"冲击波"。

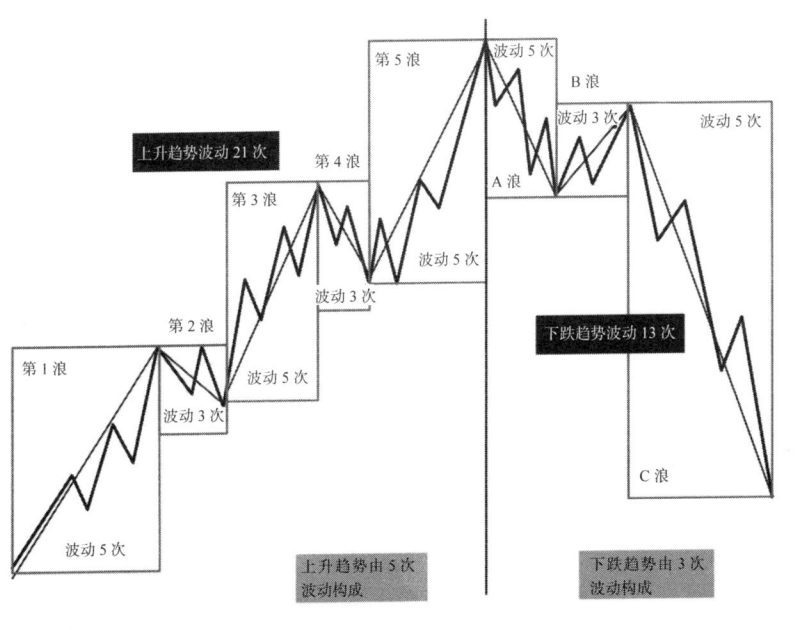

图表 68　艾略特波浪理论的基本构成

　　股价在上升过程中会发生调整，与这一调整相对应的就是 5 大波动中的 2、4 两个下跌波浪。通常，股价下跌是相对于股价上升趋势而言的，因此，股价上升趋势处于调整趋势就意味着股市变为熊市。熊市会由另外 3 个更小的小浪构成，这一下跌波动叫作"修正波"。到此时，上升趋势中一共有 5 个波动。

　　接下来请看股价从触顶下跌到触底时的下跌波浪。在下跌波浪中，股价下跌态势更为强劲，中间波动出现牛市。而正是因为下跌波浪与上升波浪相反，所以在股价触底反弹上升时，整体仍是熊市。

　　在下跌波浪中，基本波动不再是上升波浪，而是下跌波浪，它由 A、B、C 三股波浪组成。在这三股波浪之中，A、C 为下跌波浪。股价暴跌时，下跌波浪由 5 个波浪构成，形成股价下跌冲击波。

另外，股价下跌过程中也会有反弹上升的时候。比如图表68的B浪。B浪为上升波动，但股价基本趋势为下跌趋势，所以B浪与A、C浪一起组成下跌趋势，B浪也被认为是下跌趋势中的修正波。

通过观察艾略特波浪的构成我们可以发现，艾略特波浪的基本形态是由5个上升波浪与3个下跌波浪构成，而每个大浪又由一个个小浪构成。构成5个上升波浪的小浪合计21个，构成下跌波浪的小浪则有13个。

若要运用艾略特波浪理论对股票动向进行分析，就必须靠自己计算艾略特波浪，并自主分析现在的股价处于哪一个波浪中，而那一个波浪又由几个小浪构成。从投资者个人角度来看，在尝试把握股价现状时，艾略特波浪理论无疑是一个十分合适的技术指标，因此，有必要先了解艾略特波浪理论的基本波动个数及其基本构成。

从投资者的心理看上升波浪

现在让我们从投资者的心理出发，考虑为什么股价会出现上升与下降。股价的波动通常展现了投资者不同的投资方向。

股价上升时，基本上会有5个波浪。首先第1浪处股价上涨，第2浪处股价回调，第3浪处股价再次上升，第4浪处股价下跌，第5浪处股价再次转跌为涨，并迎来最高价。

第1浪属于上升浪，因为这时股价是触底后上升的，多少会让投资者疑神疑鬼——"股价真的出现上涨趋势了吗？"因此，股价会在上升到一定程度后迎来下降趋势，这就是投资者的保守停利心理在起作用。也正因为这样，所以股价在上涨一段时间后会出现下跌，即第2浪修正浪。

但是，并非所有投资者都能在第1浪时买进股票，有一些投资者一看到第1浪的股价上升就马上判断："哎呀！股价开始上涨了。"在这种情况下，等到第 2 浪出现时，股价调整后下跌，很多怀着"股价终于降了，赶紧买进几股看看！"这一想法的投资者出现。所以，即便这时候的股价处于下跌趋势，但仍有少量买入，并且买入之后股价趋于上涨，于是投资者开始安心地大量加仓，至此股价止跌，原本下跌的股价终于开始转变为上涨，这就是第 2 浪。

股价开始止跌，买进增加，出现第 3 浪，第 3 浪时股价再次转为上涨。这时由于第 1 浪和第 2 浪都属于上涨趋势，于是有更多的投资者认为"股价的上涨趋势是真的"而大量买进。因此在上升趋势中，第 3 浪的上升幅度比第 1 浪更大。

但当股价大涨后，再一次考虑收手停利的投资者相继增多，他们开始停利抛出所持股票。这样一来，股价上升的趋势变缓。同时，由于抛出量大，股价开始下跌，出现转势，这时候就会出现股市整理，即第 4 浪修正波。

在第 3 浪时，股价大幅上涨，又有一批投资者认为，"这与此前相同，股价还有可能上涨到超过之前的股价。好不容易股价下跌了，此时不买更待何时"，于是开始新一轮买进。第 4 浪属于股价调整趋势，此时股票被再度买进，股价开始止跌，同时转为上涨，形成第 5 浪。

在 3 个上升浪之中，第 1 浪与第 3 浪已经停止了波动。波浪理论中构成上升波浪的一共有五大波浪，到此时上升波浪只剩下最后一浪，即第 5 浪，所以要把握好第 5 浪的时机及时停利。但因为艾略特波浪理论要求投资者自己计算，加之谁也无法料到未来股价变动的时间点，所以说句实话，要判断 5 浪波动是否属于上升趋势并非易事。

上升波浪中第 3 浪涨幅最大

虽说股价在第 5 浪时还属于上升趋势，但谁也不能断言这是股价最后的上涨阶段。然而，由于股价在形成第 1、2、3、4 浪的同时出现了大幅度上升，很多尚未确定停利点的投资者一看到股价有一点下跌的迹象，便争先恐后地开始停利抛出。接着，由于股价此时已经处于高价，越来越多的投资者认为"必须尽快停利"。如此一来，大量股票被抛出，股价开始转为下跌趋势。股价越是下跌，想要尽快抛出手中股票的投资者也就越多，股票抛出量有增大趋势。因此一般而言，第 5 浪不如第 3 浪的涨幅大。也就是说，在上升波动中，第 3 浪的上涨幅度往往是最大的，第 1 浪和第 5 浪都比第 3 浪涨幅小。

从投资者的心理看下跌波动

接下来，从股票投资者的心理来看下跌趋势中的下跌 3 浪。股价触顶后一直下跌直至触底，此时为熊市。

触顶后的第一个下跌阶段为 A 浪。在此处，投资者都想尽可能地把手中的股票以高价抛出。此时市场上的投资者分为两类：一类是自股价迎来最高价开始下跌起就准备要停利的投资者，另一类是认为股价还会持续上涨的投资者。

股价出现下跌时，多数投资者会认为，"最高价或许还会被刷新吧""股价可能会回到此前的最高价，等那时再收手吧"。但是，当人们纠结于是否停利时，股价又跌了，股票的潜在利益不断减少。一看到这一情况，很多投资者就按捺不住内心的焦急，想要趁着潜在利益还没有降到最低时抛出手中的股票，这样一来，停利的投资者增多，股价进一步下跌。

但是，股价下跌到一定程度时，从最高价的角度来看，投资者会觉得股价已经很低了。因此，很多投资者出于这样的想法开始买进股票："股价总算从最高价跌下来了，一定还会转跌为涨，这时候买进准没错。"随后，由于这些认为股价会止跌的投资者的买进，股价止跌。

这就是下跌 A 浪。

股价止跌后，准备在下一次买进股票的投资者变多，结果股价转为上升趋势，出现了 B 浪。此时持仓的投资者大致分为两种类型，一类是原本就持仓的投资者，另一类则是自股价下跌后买进股票的新投资者。

B 浪处股价转为上升趋势，这令投资者心情复杂。高价买进、负有潜在损失的投资者此时想的是："哎呀哎呀，股价终于上涨了，不管三七二十一先抛出去换成现金才踏实。"高价买进股票的投资者认为股价此时已经触顶，因此迫切地想要尽快停利抛出，停利抛出增多，股价再次转回下跌趋势。

然而，刚刚买进股票的投资者原本认为自己买进股票时是抄底，所以想着"股价或许还会上涨"。尽管 B 浪属于下跌波浪，但上升波动至今还在持续，这次不是短暂的反弹，而是确确实实的上涨。B 浪时投资者的心理大概如上述两种。

在下跌波浪 C 浪处，股价下跌至触底

投资者认为股价还会持续上涨，但是与这种预期相悖，股价因受大量停利抛出的影响开始下跌，此时下跌的波动即为 C 浪。

投资者起初认为股价还会上涨而买进，然而股价并未出现一路飙升，而是下跌了。这时越来越多的人认为，"股价怕是不会上涨了，趁现在还能赚一些赶紧抛出吧"，他们争先恐后地停利。也就是说，下跌波动 C 浪有两种抛出情况，一种是原本持仓的人焦急地要将存在潜在损失的股票抛出，还有一种是刚刚买进股票的人要停利抛出。不管何种原因，股价此时再度转为下跌，出现下跌波动 C 浪，并将持续下跌直至触底。

在股价的这一变动中，投资者的心理状态并不十分明确，呈现一

定的波动形态，可以用艾略特波浪理论来表示。如果运用艾略特波浪理论，我们就可以在一定程度上了解到股价处于何种波浪形态，也能够避免在时机不成熟时进行交易。

可是，正如我们此前多次提到的，投资者往往只考虑对自己有利的一面，波浪的计算方法有可能因人而异。我们平时就要养成自己计算波浪的习惯，在了解股市的全局与动向后进行交易。

通过股价图掌握艾略特波浪理论

图表69是索尼公司（6758）的股价图，让我们通过这个图表来进一步了解艾略特波浪理论。图表中已经圈出了一个艾略特波浪循环，请看圈出的部分。

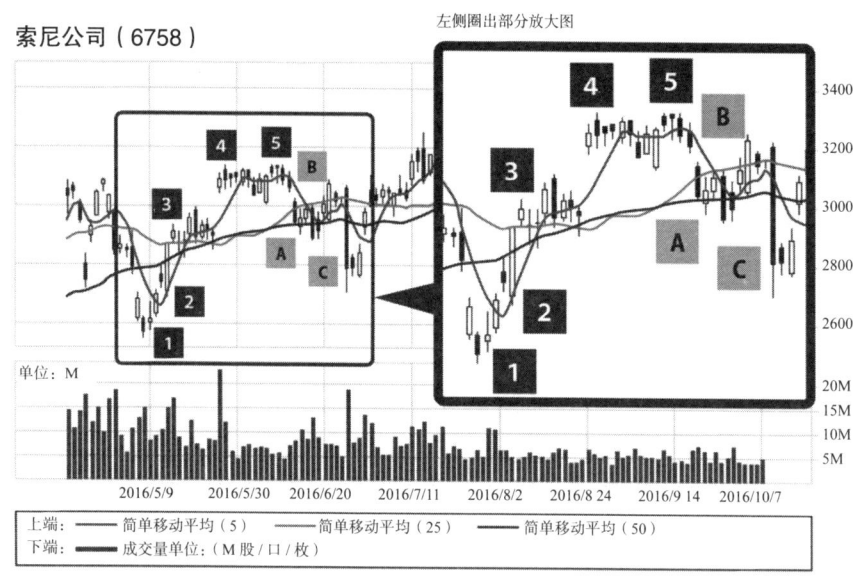

图表69　艾略特波浪的构成

资料来源：SBI証券サイト画面

首先，从股价开始上升时的上升第 1 浪算起。股价在第 1 浪上升，后在第 2 浪处下跌，此时为股价上升波动的调整阶段。通过观察股价图可知，第 2 浪的调整相对较早结束，股价再一次转跌为涨，此时为第 3 浪。第 3 浪股价大幅上涨，第 4 浪处下跌，趋势调整，但是，由于受到大量买进的影响，股价止跌，在第 5 浪处再一次上涨。

此时，投资者最关注的一点莫过于股价的顶在哪里。股价一旦触顶就会跌落，但是股价的顶究竟在哪里，当下还没有头绪。我们只能够通过观察过去的图表了解到"原来那里就是顶啊"，但是当下是无从得知的。因此，我们还需要结合其他技术指标，不能仅仅依靠艾略特波浪理论的计算来分析。

通过观察股价图，我们可以看到，股价触顶后开窗（跳空）下跌。此时第 4 浪处遭遇最低值，市场停利抛出的压力增强，并且开始转为下跌波浪，这就形成了下跌波浪 A 浪。

但是，很多人对于下跌波浪 A 止跌反弹抱有很大的期望，因此会再度买进，此时形成了反弹上升的 B 浪。然而，如果到了 B 浪也没能刷新最高价，股市的投资者大多会失望无比，他们会选择停利抛出所持股票，致使股价进一步下跌。

通过观察股价图可知，反弹 B 浪没能超过此前的最高价，大多数人停利抛出股票，股价下跌，结果股价再度下跌形成了 C 浪。

波浪不仅有基本形态，有时还会有延长形态

股价的波动并非总有规律可循。比如说，原本景气的经济突然急剧恶化，或政府出手掌控股市运行等，这时的经济状况往往变化多端。因此，股价的波动除了基本的波浪形态之外，还会根据经济形势的变化产生其他形态。考虑到股价波动除了具有基本动态，还有不规则变动，所以非常有必要将艾略特波浪理论纳入操作范围。

具体而言，波浪的不规则变动到底会呈什么样的形态呢？实际上，根据其市场情况，波浪往往会出现延长，即延长（extension）形态。

股价上升趋势强劲的话，上升波浪会出现延长。相反，股价下跌势头强劲的话，下跌波浪会延长。哪一种波浪会延长，当时是无从得知的，要通过每日的计算与观察才会知道是否有延长。

出现延长的原因又是什么呢？其原因在于股价上升态势强劲，股市的规模得以发展壮大，此时波浪就会出现延长，因此波浪的延长方向与股价趋势是一致的。

以股价上升趋势中的上升波浪为例，1、3、5为冲击波，这三者中任何一个波浪都有可能延长。另一方面，对股价下跌趋势中的下跌波浪来说，A、C浪都会有所延长。

让我们一起观察图表70，感知延长。如图所示，冲击波有所延长。但是具体来说，1、3、5这三个波浪中哪一个波浪会延长，A、C这两个波浪中又是哪一个波浪会延长，必须计算过波浪的形态后才能

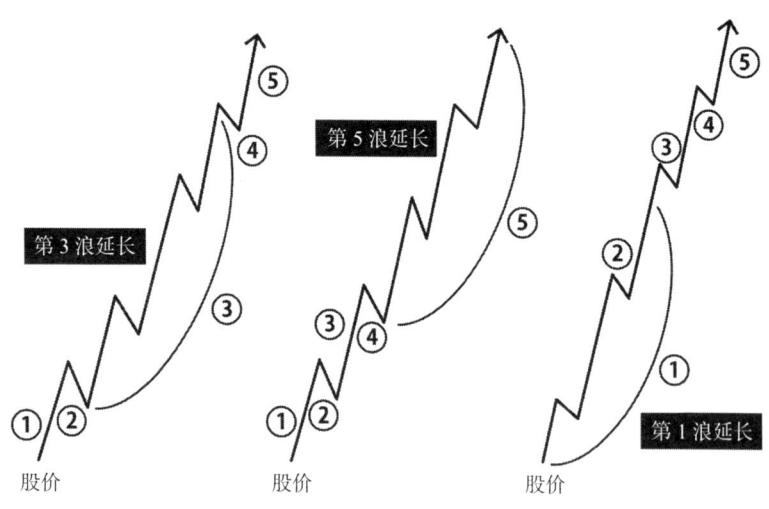

图表70　波浪延长

确定。有时上升的 5 个波浪尚未结束，整体波动规模已经扩大，股市增大为 7 个波的结构。

另一方面，只有当所有的波动都结束后才能看出哪一个波浪有所延长，因此颇有难度。因为需要计算好整个波动后才能做出适宜的判断，所以，仅凭当天的计算结果来判断当天的行情是比较困难的。这时，关键在于结合其他技术指标来判断自己做出的分析和计算是否正确。

在股价触顶或触底时出现"失败型"

股价上涨到一定程度后必会下跌，所以艾略特波浪理论基本上由 5 个上升的波浪和 3 个下跌的波浪构成。但有时股价会随着股市形势的变化而产生相应的变化，所以有时候波浪也会出现延长形态，也就会相应出现推动波浪发展或修正波浪发展的其他各种形态。打个比方，股价上涨到一定水平时迎来触顶，但是当时无从得知哪里算作顶。若之后股价的波动没能超过最高价，毋庸置疑"那就是股票顶"。假若第二次的最高价没能超过第一次的最高价，那么该形态就叫作"失败型（未完成型）"。

如图表 71 所示，股价上升势头强劲，股价也就会上涨。股价下跌时也一样。然而，当第二次最高价没能超过第一次最高价时，会出现股价触顶，股价的势头也开始变弱 = 股市变为熊市的证明。触顶时的双重顶正是这种股价趋势的典型代表。

相反，当股价下跌、以"失败型"形态触底时，股价原本的下跌势头变弱 = 证明股价转变为牛市。触底时的双重底正是这种股价趋势的典型代表。

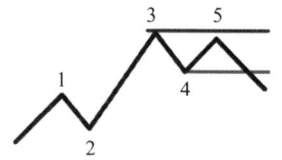
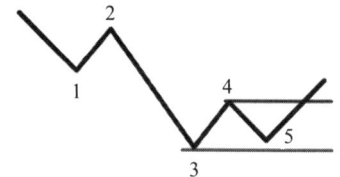

图表 71　由"失败型"形态看触顶与触底

通过艾略特波浪理论分析"失败型"形态的实例

接下来请通过图表 72 这一具体的日经平均股价图来了解"失败型"形态。

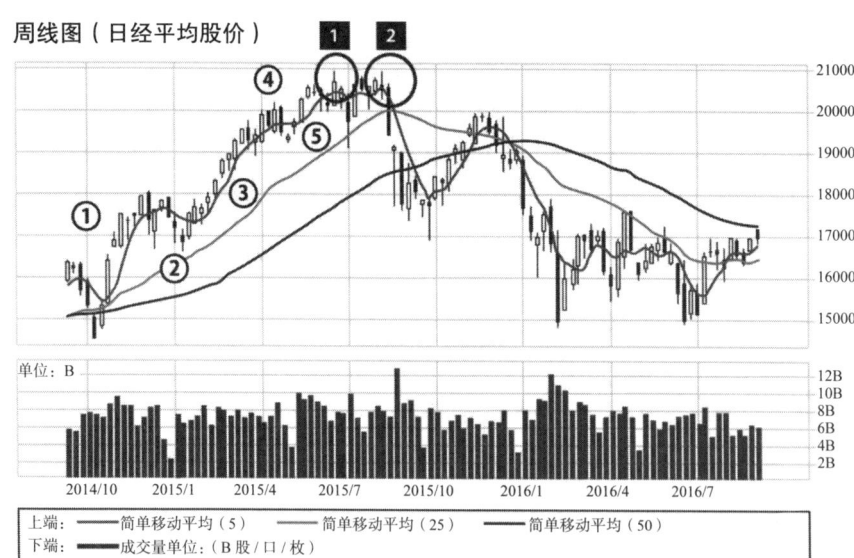

图表 72　触顶时的"失败型"形态

资料来源：SBI 証券サイト画面

看图表可知，日经平均股价出现了一个上升波浪，且股价长期处于上升趋势。这个上升波浪的起点在 2014 年 10 月，当时日本银行继续推行金融缓和政策。以此为起点，首先请试着从上升波浪开始计算艾略特波浪。

在第 1 浪处股价上涨了约 3000 日元后，到第 2 浪时股价下跌了约 2000 日元，出现趋势调整。接着，波幅最大的第 3 浪股价上涨了约 4000 日元，到第 4 浪时又跌了约 1000 日元，再一次出现趋势调整。第 5 浪处股价迎来高点，股价达 20952 日元（**1**处）。此时是 2015 年 6 月 26 日，正逢股市出现断崖式下跌。从股市来看，此时的股价顶具有非同一般的意义。但是，对大多数投资者来说，要确定此时为股价触顶却绝非易事。

在那之后，股价调整结束，8 月，股价再一次尝试挑战创新最高价。可是，看图表可知，股价在 20946 日元就触顶下跌了，没能刷新高点（**2**处）。

高点突破之时未能形成一个新的波浪，人们普遍认为这时极可能出现"失败型"形态。可这一时间点很难让人确信股价一定会呈"失败型"形态，最后在 8 月下旬股价趋势调整至 17000 多日元。从那时的股价波动来看，我们可以断定，上升趋势很有可能会终结。

通过观察过去的股价图我们可以了解到，在长期的、持续的上升趋势结束后，股价趋势发生反转，呈下跌波动。上升趋势确实结束后，股价于 2016 年 2 月 12 日下跌至 14865 日元。中间出现长时间的反弹 B 浪，然后下跌至 C 浪。

股价的顶和底是无法预测的，但如果灵活运用以艾略特波浪原理为代表的各类技术指标，至少我们可以在 2015 年 8 月了解到股价趋势正从上升波动转为下跌波动。那样我们就有机会及时做出停利的决定，也不至于损失太多潜在利润，造成进一步的亏损。

艾略特波动：对角／三角形

除上述形态之外还有对角／三角形（倾斜三角形）这种形状。通过观察图表73您会发现，倾斜三角形在顶端变得像铅笔一样越发尖锐。上升趋势时用向上方倾斜的三角形表示，下跌趋势时用向下方倾斜的三角形表示。

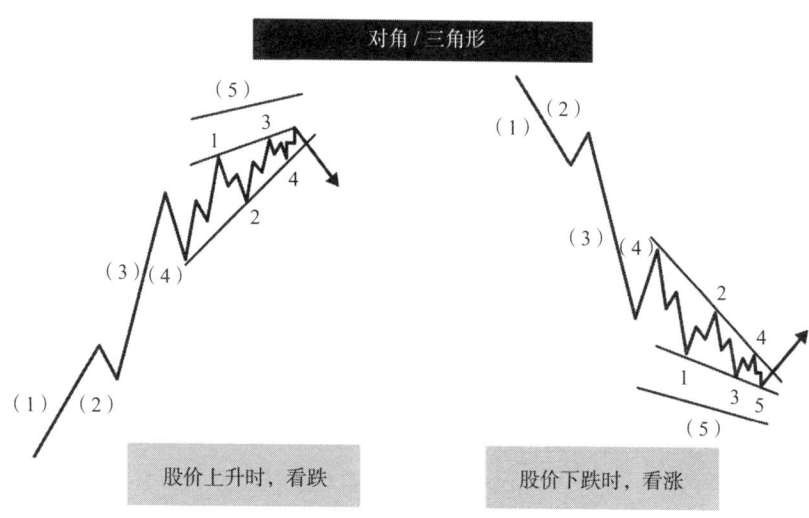

图表73　对角／三角形示意图

一般来说，股价上升时所呈现的倾斜三角形为上升的楔形。股价处于上升趋势时，股价向下突破下限支撑线，为看跌型。

与此相对应，股价下跌时所呈现的倾斜三角形为下降的楔形。股价处于下降趋势时，股价向上突破上限阻力线，为看涨型。

说到技术分析，很多人觉得它并不那么简单。如果上升趋势永远保持上升，那么，只要交易得当，任谁都有机会分一杯羹。如果存在绝对上涨而不会停滞的股票，那么，只要采取基本分析就够了。

但现实中既不存在永远持续的上涨趋势，也不存在绝对增长而不会停滞的股票。在股市下跌时，再有前景的股票都会有价格下降的时刻，这是普遍现象。只要交易得当，还是可以从中获利的，但是，要知道股市投资绝不是简单的事，请务必掌握这些技术分析的方法。

> **❗重点**
> - 艾略特波浪由上升浪和下跌浪构成。
> - 上升浪共由5个浪、下跌浪共由3个浪构成。
> - 波浪延长时形态可能会发生变化，关键在于灵活应对。

第5节

构成艾略特波浪的斐波那契比率分析

斐波那契比率分析是股价变动时的基本数据,分析价格和时间的时候可以利用这一数据,我们平时也要重视斐波那契比率。

可用于分析价格与时间的斐波那契比率分析数据

相信大家对黄金分割或黄金比例这一词汇都不陌生。将其比作"黄金",是因为人们认为这一比率看上去会让人内心产生安全感,让人心情愉悦。如果用具体的数值来表示黄金比例,那就是 0.618∶0.382。

单纯从数字来看,或许还较难理解其究竟意味着什么,但是,很多我们司空见惯的东西其实都采用了黄金比例,例如我们在孩童时期就接触过的图形正五边形。正五边形之所以是那么美丽的一种形状,就是因为它的边长与对角线的长呈黄金比例。提到五边形,我们脑海中会浮现出很多,比如美国国防部的建筑"五角大楼",又或是北海道的"五陵廓"公园等,从正上方向下看去,它们都呈正五边形。除此之外,像十字架的纵横长之比、金字塔的高度与地面之比等,诸如此类，众多的事物都是依据黄金比例制造而成的。

而将这个黄金比例巧妙地运用到股票投资中的技术指标，就是斐波那契比率分析。通常我们认为股价的变动或许有什么规律可循，黄金比例 0.618 和 0.382 正是这一规律的数值。一般来说，将黄金比例运用到股票投资中，可以对股价和时间进行分析。就可信度来说，黄金比例运用到价格分析的可信度要高于时间分析。

接下来，请试着思考：应该如何将斐波那契比率分析方法应用到股票投资中？

虽然股价每天都在上涨与下跌之间循环波动，但若认为股价的变动存在一定的规律，那么在计算、分析股价变动时就要用到斐波那契比率分析。相信有不少投资者在针对日经平均股价和个股的解说中，曾见过"股价半数回涨（或是半数回跌）水平"这种说法。分析股价水平"半数回涨""半数回跌"时，就要利用斐波那契比率分析。

股价的回跌就是指股价在上升之后又回到原来的下跌趋势，回涨则是指股价在下跌之后又回到原来的上涨趋势。一般来说，股市中的常用语就有全面回涨、全面回跌和半数回涨、半数回跌等。

全面回涨，就是指股价虽然有所下降，但最后全部回涨至原点了。相反，全面回跌是指股价虽然有所上升，但最后还是全部跌落回原点了。我们所说的"全面"即 100% = 1。另一方面，半数回涨与半数回跌，顾名思义，并不是指股价完全回涨（回跌）到原先的水平，而是一半水平。用数值来表示即 50% = 1/2。此外，也可能存在股价变回至 1/3 和 2/3，也就是 33% 和 66% 的水平的情况。除了上述这些，还包括 61.8% 与 38.2% 为代表的斐波那契比率数值。

另外，所取数字越大，0.618 隔一个数位的数字之比就越接近 2.618（倒数为 0.382），隔两个数位的数字之比接近 4.236（0.236）。这个 0.236 以及用 1 减去 0.236 得到的差 0.764 就被称作"第二黄金比例"。

斐波那契比率分析方法：具体的计算方法

明白了斐波那契比率分析中应用到的数值后，接下来请学习如何进行分析。

斐波那契比率分析以过去重要的最低价为基础，运用前文提到的数值进行分析。因此，最低价、最高价的选取一旦有误，分析所得的数值也将完全不同。选择哪一个数值作为最低价、哪一个数值作为最高价来进行分析，这一问题至关重要。

此外，还要计算出股价回涨与回落的价格，这一数字在计算艾略特波浪理论的回涨与回落时也大有用处。也就是说，艾略特波浪理论与斐波那契比率分析之间有着密切的关联性。通常，根据艾略特波浪理论，第3浪要大于第1浪和第5浪，且第3浪的大小通常为第1浪的1.618倍。

请具体了解斐波那契比率分析方法。采用斐波那契比率分析方法时，通常考虑以下两个问题：

（1）股价下跌后，何时会回调上涨？
（2）股价上涨后，何时会回落下跌？

接下来，让我们一起通过具体的计算步骤来了解斐波那契比率分析方法。

（计算步骤）

（1）运用斐波那契比率分析方法时，要计算股价的回涨与回落，因此，首先要确定分析的基础：股票的最高价与最低价；
（2）确定最高价与最低价后，计算出从最高价到最低价的波幅；
（3）将上一步计算得出的波幅与斐波那契比率数值相乘；
（4）分别加减计算最初的最高价、最低价。

接下来，让我们通过具体例子练习一下。假设股票最高价为1000

日元，最低价为 100 日元，此时让我们试着计算股价从 100 日元涨至 1000 日元过程中的回落 (股价下跌) 价格。

首先，要计算股价的波幅，即用 1000 减去 100，得到 900 日元的波幅。

1000 – 100=900（日元）

接下来，将这一数值与斐波那契比率数值分别相乘。计算多而无尽，因此我们只选取有代表性的几个数字：0.5（1/2）、0.618、0.382、1/3、2/3。

900 日元 × 0.5 = 450

900 日元 × 0.618 = 556.2

900 日元 × 0.382 = 343.8

900 日元 × 1/3 = 300

900 日元 × 2/3 = 600

因为上面计算的一系列数值是与 900 日元相对应的，因此，我们还要用最初的最高价 1000 日元或者最低价 100 日元加减这些数字。这次我们就选取 100 日元，在此基础上做加法。

100 + 450 = 550 日元（0.5）

100 + 556.2 = 656.2 日元（0.618）

100 + 343.8 = 443.8 日元（0.382）

100 + 300 = 400 日元（1/3）

100 + 600 = 700 日元（2/3）

将所有的数值都与波幅相乘，再与最初的数字进行加减。为了便于理解，括号中已标出所对应的数值。最后的结果就是我们利用斐波那契比率分析所得出的数值。

那么我们用斐波那契比率分析计算得来的数值意味着什么呢？股价从 100 日元涨至 1000 日元，触顶后转而开始下跌，我们刚才计算所得的最后结果就是股价下跌时所达到的数值。

半价回落时，股价达 550 日元后下跌，回落 1/3 时股价达 700 日元下跌，同理，股价回落 2/3 时在 400 日元、回落 38.2% 时在 656.2 日元、回落 61.8% 时在 443.8 日元时下跌。

关于计算方法，只需将波幅与斐波那契数值相乘即可，因此计算十分简单，计算的根本在于最高价与最低价的数值。因此，如果选错了至关重要的最低价与最高价，就很难算对股价的回撤或吐还结果。

此外，虽然到此为止已经说明了如何进行斐波那契比率分析，但是在股价图中，还有一种名为"斐波那契线"的技术指标，在这一技术指标中，股票图表会自动将斐波那契线标识为斐波那契回调线。只要自己确实理解了这一计算方法，那么即便知道亲自分析比较麻烦，但或许仍会乐于接受这种分析。

通过斐波那契比率分析进行实际运算

让我们通过软银集团（9984）的股价图来进行斐波那契比率分析。请参见图表 74。

由图表可知，2016 年 2 月 12 日，股票最低价达 4133 日元，6 月 1 日股票最高价达 6443 日元。这两处我们已经分别用圆圈标示出来了。①

首先计算出波幅。

6443 日元 – 4133 日元 = 2310 日元

算出波幅后，再将 2310 日元与斐波那契比率分析数值相乘。

2310 日元 × 0.5 = 1155

2310 日元 × 0.618 = 1427.58

2310 日元 × 0.382 = 882.42

---

① 此处文字说明与图不符，原文如此，疑有误。——译者注

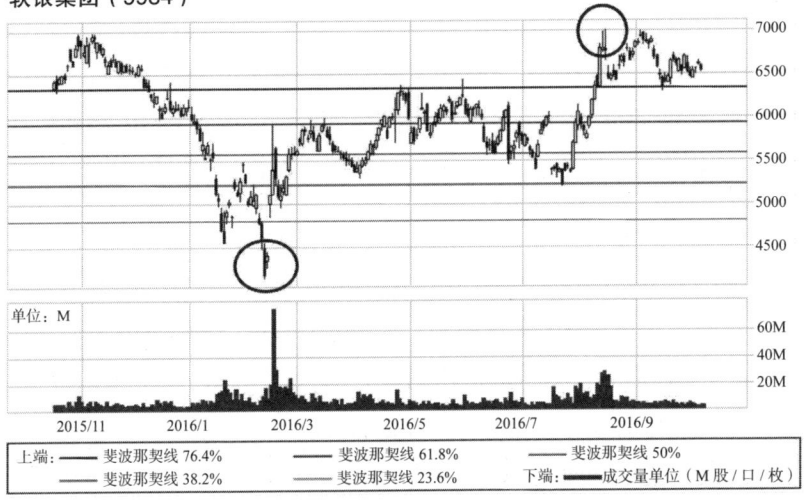

图表74 斐波那契回涨

资料来源：SBI証券サイト画面

2310 日元 × 1/3 = 770

2310 日元 × 2/3 = 1540

最后一步，我们要计算股价上升至何数值时跌落，所以用4133日元加上以上数值。

4133 + 1155 = 5288 日元（0.5）

4133 + 1427.58 = 5560.58 日元（0.618）

4133 + 882.42 = 5015.42 日元（0.382）

4133 + 770 = 4903 日元（1/3）

4133 + 1540 = 5673 日元（2/3）

通过利用斐波那契比率分析，我们可以得知股价在何值附近回落。7月，股价下跌，最低价为接近5288日元的5290。可以说，此处的股价呈止跌反涨还是进一步下跌，就决定着股价的趋势。

斐波那契线图

让我们一起来看软银集团的斐波那契股价图，请看图表74。斐波那契比率分析数值不止一个，所以斐波那契线不止一条。还要说明的是，具体哪一条线对应哪一个斐波那契比率分析数值，请参考下方标示%的数字。

看图表可知，斐波那契线位于由斐波那契比率分析计算出的数值构成的价格带内，而且此次计算所使用的最高价与最低价，很有可能也可以运用到斐波那契线的计算中。

但是，有时仅仅通过股价图未必能获得详细的数值。如果想知道具体数值，还是亲自算一算比较好。

> ❗ **重点**
> - 常用的斐波那契比率分析的数值为 0.618、0.382。
> - 重要的最低价与最高价的选取方式不同，数值也会随之改变，因此要谨慎选择这两个数值。
> - 将波幅与斐波那契比率数值相乘即可算出结果。

第5章

通过技术指标看清买卖时机

第1节

技术分析：降低亏损的风险

买卖时机不一样，盈亏的结局也不一样。为了降低亏损的风险，要尽可能地使用股票图表进行技术分析。

运用技术分析，降低风险

股票今后是涨还是跌，无人可知。例如，如果股票价格长期上涨，就像2013年、2014年的安倍股市，无论是谁在什么时间买了多少股票，都有可能赚一笔。话虽如此，如果您买了一些股票，也可能会因纠结于这样的念头而不知所措："我本认为股价会上涨，但它却跌了！我是抛出去呢，还是留在手里呢？到底怎么办好呢？"

股价每天都在变化，因此股票投资总会存在亏损的风险。为了尽可能减少风险，必须灵活运用股票图表，对股票买卖时机进行严格分析，并根据该分析进行投资。股票图表可用来分析股价趋势，在股价低时买入股票，股价高时抛出股票。

顺便一提，基本分析是根据业绩等分析公司的潜力和个股的股价上涨程度。如果您想尽可能地规避股票投资风险，那么基本分析便非常有效。

利用基本分析找出增长股、借助技术分析在股价较低时将其买入的分析方法叫作"技术基本分析"。虽然我们不会在这里深入讨论,但这是一种可以降低风险的投资方法,利用该方法,您可以以更低的价格买入股价下跌风险较小的股票。

使用趋势派和震荡派的技术指标

那么,在摩拳擦掌,准备"接下来开始技术分析"时,或许有许多人不知道该按照什么顺序看股票图表,该看哪些内容。投资方法因人而异,例如,每天交易多次的日间交易,投资"股东优先"的股市交易,以及在稍长时间段内进行交易的短期投资等。因此,必须选择适合自己的投资方式进行交易。

本章将针对像公司职员这样受时间限制、日间无法进行交易的人群,诠释短期投资的流程、技术指标的使用、应分析的内容和分析方法。

关于短期投资的流程,先分析股价走势,再分析买卖时机可能更为合适。

● 了解股价走势(=方向性),并考虑交易策略是买入股票还是卖空股票=使用趋势派技术指标。

● 了解股价过热迹象(=超买或超卖),并考虑买卖股票的时机是否合适=使用震荡派技术指标。

在股市投资的最初阶段,您可能不了解自身的投资风格。多次交易后,就会明白"这样的交易更适合自己"。那就让我们从确定自己的投资风格开始试着进行交易吧。

第2节

技术分析流程

第一次使用股票图表时,很多人可能不知道该看什么、怎么看。请以技术分析流程为参考,尝试进行分析。

(1) 运用技术分析流程分析股价过热程度

股价基本上会沿着股价趋势线波动。它并非总是有规律地波动,而是在不改变当下趋势的幅度内,时而上升,时而下跌。也就是说,股价总趋势并无变化。呈上涨趋势的股价某天突然下跌的情况也不少见。因此,要尽早发现股价趋势是否已经发生变化。举例而言,如果没有意识到趋势变化,因而没有采取任何应对措施,则可能导致所持股票亏损。

买进股票的方式有两种,即顺势交易和逆势交易,请参考第4章。顺势交易是指买进股价呈上涨趋势的股票,进行该交易时投资方法包括抄底买进和买涨等。

与此相对,逆势交易是指购买某只股价呈下跌趋势的股票,触底反弹时买进是其中的一种投资方法。

无论是顺势交易还是逆势交易，一般而言，若不是在低股价时买进，待股价高涨时是无法抛出的。那么，什么时候才会出现低股价呢？

通常，股价低是因为股价处于超卖状态。为了确定股价是否处于超卖状态，我们要灵活运用震荡派技术指标。如第 3 章所述，每个技术指标都有一个预设的超买、超卖值。例如，在 RSI 这一技术指标中（见第 3 章），通常认为 RSI 低于 30% 为超卖，超过 70% 为超买。

买进股票的时候，低价买入而获利的概率往往高于高价买入而获利的概率。接下来，请您充分利用震荡派技术指标，首先从检查股价是否过热试着进行操作。

（2）运用技术分析流程分析股价趋势

确定了股价处于超买还是超卖状态，并不意味着可以立即购买股票。

接下来要查看股价趋势。如第 2 章所述，此时可运用趋势派技术指标来确认股价趋势。

之所以采取这一步骤，是因为，如果不分析股价呈上涨趋势还是下跌趋势，就无法确定是该进行顺势交易还是逆势交易。例如，查看移动平均线（见第 2 章），若它向上移动，则可知股价为上升趋势；若向下移动，则可知其为下降趋势。可以通过分析股价走势来判断，最终选择顺势交易还是逆势交易。

我们来看看股价呈下跌趋势时的情况。例如，假设震荡派技术指标之一的 RSI 低于 30%，这时，要观察移动平均线走势是向上还是向下。如果移动平均线走势向下，则可判断为呈下跌趋势。若的确为下跌趋势，最终可选择逆势交易。

至于（1）分析股价过热程度和（2）分析股价走势，二者的先后顺序并不重要。标明流程只是为了便于理解，因此，只要选择对您而言易于分析的一个着手即可。

(3) 技术分析的步骤双重检验分析结果

RSI 低于 30% 时，可以确定移动平均线是向下探的，股价呈下跌趋势，但这并不意味着可以立即进行逆势交易。逆势交易是通过股价触底后上涨＝反弹来获利的交易，但这时，尚不知道何时才是最关键的触底时机。说到底，没有人能够预知未来，所有人都能猜中触底时机也是不太现实的。

因此，为了确定通过逆势交易买卖股票的最佳时机，最好运用其他的趋势派技术指标和震荡派技术指标来进行双重确认。

我们在最开始时使用过 RSI 这一震荡派技术指标，所以这次我们尝试使用不同的震荡派技术指标。比如，此次我们运用 MACD（见第 3 章）分析来再次确认。在 MACD 中，以 0 轴为基准，若股价线探至 0 轴下方，则股价处于超卖状态。此外，如果股价正处于超卖范围，且 MACD 与信号线都向下探，很有可能会出现黄金交叉。

趋势派技术分析也是如此。首先，采用移动平均线进行分析，接下来，再采用诸如布林带等其他趋势派技术指标来分析。

通过移动平均线，我们可以看出股价走势向上还是向下，进而分析股价趋势，再运用布林带（见第 2 章），通过观察云带的方向来分析股价走势。还可以根据股价与云带的位置判断股价过热感，例如，当它低于中轨线时是股票超卖，高于中轨线时是股票超买。

请根据以上步骤运用技术分析流程对分析结果进行双重检查。同时，只有在摸清交易之后才能进行逆势交易。顺势交易时，只需参考与之相反的步骤即可。

没有人知道股价趋势何时会发生变化，所以最好在每天交易结束时查看股价图,确认股价走势变化。

此外,我们都不知道自己的分析究竟会贴合趋势还是会偏离趋势,但承担股票投资损失的人却是我们自己,所以为慎重起见,趋势派技术指标也好,震荡派技术指标也好,最好能利用两种技术指标来分析与确认方为上策。

技术分析的日常流程

①通过震荡派技术指标分析股票是超买还是超卖

⇕(①和②可交换位置)

②通过趋势派技术指标分析股价趋势呈上涨趋势还是下跌趋势

⬇

③根据股价趋势,考虑交易方式

⬇

④使用其他技术指标确认交易方式是否合适

第3节

看清呈下跌趋势的股票的买卖时机

在下跌趋势中,股价会跌至转势出现前的谷底。股价处于下跌趋势时,交易要格外当心。

分析股价方向,考虑投资策略

让我们通过迅销公司(9983)一年的日线图来具体分析股票价格。请看图表75。

首先从分析股价方向着手,让我们用移动平均线这一趋势派技术指标来分析股价趋势。

从股价趋势来看,股价在下跌过程中也有几处上涨。然而,从中长期移动平均线的方向来看,可以发现,虽然其倾斜角度在不断发生变化,但却一直处于下跌状态。移动平均线是将一定天数内的股价平均化后得到的,因此变动也在情理之中。

通过对股票图表进行分析,我们可以看到,从中长期来看,股价处于下降趋势,但在短期内有时也会转变为上升趋势。

图表75　迅销公司（9983）/ 移动平均线

资料来源：会社四季报オンライン・高機能チャート（クォンツ・リサーチ株式会社提供）

一般来说，如果股价上涨，一些已经获利的投资者会停利，受此影响，股价会有所下跌。而如果股价下跌，不少投资者则认为股价已经接近触底状态，期待股价上涨的投资者会买进更多股票，导致股价上涨。因此，即使股价从中长期来看处于下跌状态，但股价偶尔会上涨，这也可以说是一种自然移动。无论什么股种，股价反复上涨和下跌都是正常的。

在分析股价的方向后，下一步是考虑交易的策略。单从股票图表来看，可以认为股价在长达一年的时间里呈下跌趋势。

请改变一下角度，看一看较短的时间段。例如，在2015年9月至10月，股价曾一度上涨。即在股价图上标记为❶的地方。如图表中所示，股价从2015年12月到2016年1月（❷处），以及2016年2月到 3 月（**3**处），一直在上涨。可以看出，虽然在长达一年的时间里股价呈下跌趋势，但在这几个月内仍处于上涨趋势。在下跌趋势中，股价往往会下跌直至触底，但在下跌过程中，短期内股价也会有所上涨。像这样，股价在短期内呈现上涨趋势的现象为反弹上涨。

在股票处于下跌趋势时，通常要采取逆势交易，即看准反弹上涨的时机买进股票。

顺便要提的是，可能有很多人会认为，"买进了股票就要等到股价上涨再出手"，"长期投资的话更容易赚钱，更让人放心"。但是，如果看一下图表 75，您就会发现，"长期持有股票就可以获利"的想法未必是正确的。

也有一种观点认为中长期投资是正确的，或许该观点指的是成长股，而中长期持有处于下跌趋势的股票只能换来亏损。要记住，并非所有股票都能从长期投资中获利。

此外，从迅销公司的股价图表便可看出，即使在逆势交易的情况下，股价上涨又跌回原价后，仍会继续下跌。如果选择逆势交易而买入股票，事先考虑停利节点至关重要，到了那一步一定要坚决停利。

在逆势交易中错过了停利时机时，如果发生亏损还继续放任不管，也可能被套牢。为了避免陷入这种窘境，重要的是确定股价趋势，并根据趋势确定投资战略。

使用 MACD 分析股价过热程度，考虑买卖时机

由此可知，在股票长期处于下跌趋势时，如果是以几个月的短期投资为基础，采取短时间内的逆势交易是有效的。逆势交易就是在低价时买入股票，然后在股价短期内反弹上涨时将股票抛出的交易方式。

那么，该如何分析低股价呢？

股价低时，股票处于超卖时机。如第 3 章所述，应该使用震荡派技术指标来分析股价是处于超买、超卖还是过热状态。

这次请使用 MACD 的股价图（下端）来分析。请看图表 76。

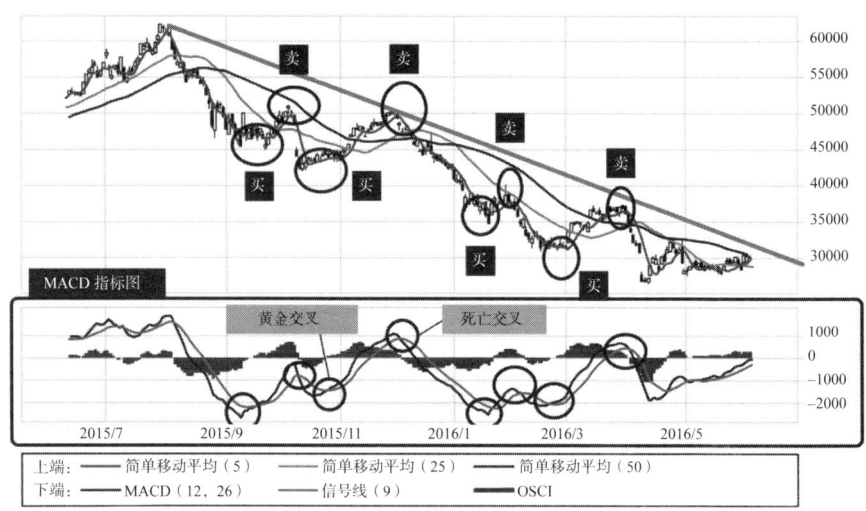

图表 76　迅销（9983）/MACD

资料来源：SBI 証券サイト画面

在上端的移动平均线股价图中，当股价在下跌过程中出现短期反弹时，买入和抛出的地方作了圆形记号。如果看一下当时 MACD 的股价图（下端），可以看到这两条线是黄金交叉，即股价在短时间内上涨。当股价上涨后转为下跌时，可以看到两条线即死亡交叉。通常，0 轴以下的圆形记号部分为黄金交叉，0 轴以上的圆形记号部分为死亡交叉，但它们并非总被 0 轴分开。

如果股价向移动平均线下部偏离，可判断股价处于低价水平，此时应瞄准短期反弹买入股票。因为股价会转为上涨，所以可以在 MACD 两条线处于黄金交叉时买进股票。

相反，如果股价向移动平均线上方偏离，则可判断股价处于高水平，此时大量股票停利抛出，股价则会下跌。可以在 MACD 两条线处于死亡交叉时抛出股票。

但是，虽说股价处于较高或较低水平，这两条线未必会交叉，有时可能接近于交叉状态但并不交叉，请您务必注意这一点。

此外，如果运用股票图表进行分析，那么按照自己原来的分析进行买卖的意志力也很重要。这是因为，随着股价上涨，人们往往会屈服于欲望，并且认为"等待时机再抛出吧，股价可能还会上涨呢"，但这只不过是投资者的一厢情愿，或者说是一种欲望。

同时，运用股票图表所作的分析也未必完全正确。尽管如此，人一旦萌生欲望，就无法冷静思考。例如，如果股价大幅下跌，我们会感到不安，不知"股价会下跌到什么地步"，受此驱使，慌忙抛出股票。抛出之时股价跌入最低点这种情况也不少见。

如果您觉得根据股票图表进行交易颇有难度，可事先设定抛出标准，并根据该标准进行买卖。

灵活运用其他股票图表，进一步降低风险

通过移动平均线来分析股价趋势时，利用 MACD 分析买卖时机或许就足够了。但是，若不降低风险，股票投资常常会出现亏损。此外，重要的是运用其他技术指标一起检查先前的分析是否存在较大失误。

这一次让我们运用布林带来检查之前的分析是否存在错误。请看图表 77。下方附加的图表表示 MACD。

通过分析移动平均线，可以确定股价处于下跌基调。从布林带可以看出，股价处于下跌趋势，因为云带长期向下。如此看来，股价处于下跌趋势这一判断似乎是正确的。

另外，当 MACD 中出现黄金交叉和死亡交叉时，也要观察一下布

林带。出现黄金交叉时,股价处在中轨线以下,这是衡量股价超卖的标准,这时股价大约在 -1σ 到 -2σ 的附近。当出现死亡交叉时,股价处在中轨线以上,这是衡量股价超买的标准,这时股价大约在 $+1\sigma$ 到 $+2\sigma$ 之间。

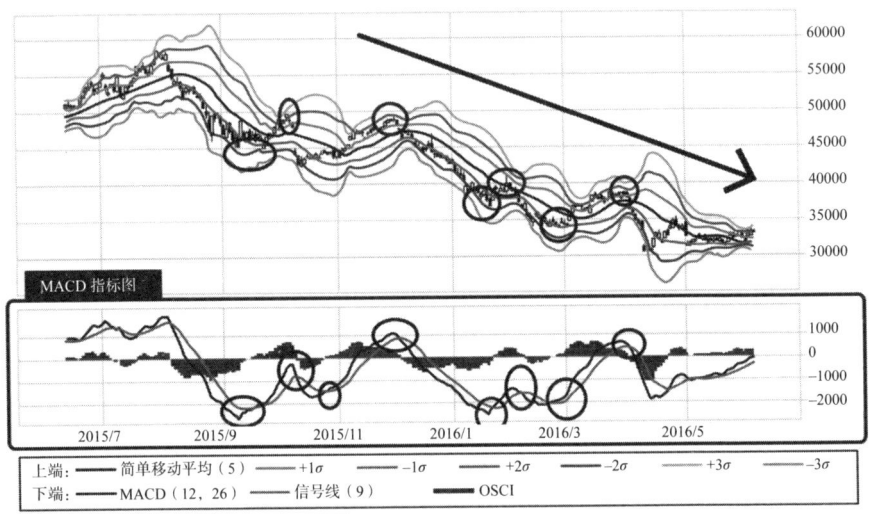

图 77　迅销公司(9983)/ 布林带

资料来源:SBI 証券サイト画面

综上所述,通过观察移动平均线、MACD 和布林带,可以得知两条 MACD 线交叉的时机为股票买卖时机。

此次以移动平均线、MACD 和布林带为例作了分析,当然也可以使用其他技术指标。

单看一张股价图,很难确定自己的分析是否正确。

而在股票交易时,股价越是大幅下跌,散户越会惶惶不可终日,想着"股价还要下跌到什么地步",这实属人之常情。

此外,如果所持股票的股价上涨,则常常会有人自视过高,认为

"自己真是个天才，能轻松地在股市赚个盆满钵满"。但是，这时更应冷静分析后再进行交易。

一旦股票投资亏损，没有人可以帮忙填补这笔亏空，只能依靠自己的判断进行交易。因此，在分析股价趋势时，至少要结合两个及以上的趋势派技术指标和震荡派技术指标来分析股价趋势，分析投资策略是否有误。

第4节

看清呈上升趋势的股票的买卖时机

即使是处于上升基调的股价,也不会一直保持上升趋势,总会有触顶下跌的时候。交易时要留心股价上涨趋势持续多久,何时会触顶,以及趋势何时会发生变化。

呈上涨趋势的股票的投资战略

同分析呈下跌趋势的股票一样,分析呈上升趋势的股票时也要分析股价方向,让我们通过 Aeon Fantasy(4343)的日线图来具体分析股价。请看图表78。

从图表78便可看出,直至2015年秋季,股价一直处于下跌趋势,从秋季开始,趋势开始发生转变。以此次转变为契机,股价开始转跌为涨。

自2015年10月以来,股价长期处于上涨趋势。股价没有下跌,但并不是一直在上涨。如圆圈标记处所示,股价在2015年12月左右下跌了一次(❶处),2016年2月左右又出现了下跌(❷处)。通过观察移动平均线的趋势,可以看出下跌趋势已经转为上涨趋势,股价在中长期内呈上涨趋势。

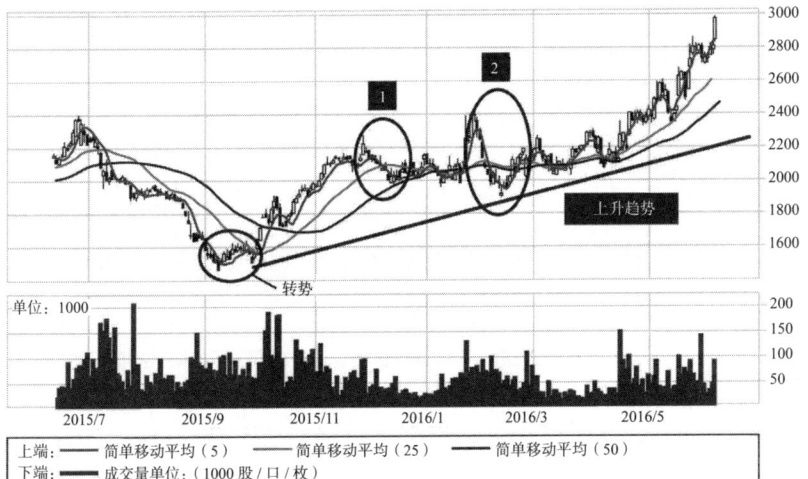

图表 78　Aeon Fantasy（4343）/ 移动平均线

资料来源：SBI 証券サイト画面

在股价上涨过程中，有的投资者一看到股价上涨，就选择停利抛出。受此影响，股价下跌。而在此时，有投资者认为"股价应该仍会上涨"，因此买进欲望强烈，致使股价停止下跌并再次转为上涨。

但是从短时间内来看，股价在短期内触顶转为下跌趋势。由于股票被大量抛出，可推测出股价可能再次上涨。移动平均线也并不总是保持上升，也可以看到有几处出现横盘推移。移动平均线出现横盘趋势意味着股价处于短暂休止状态，但随后就可看到，随着股价上涨，移动平均线再次变为上升趋势。

股票处于上升趋势时基本采取顺势交易

分析了股价的方向后，下一步是考虑交易策略。就股票图表走势而言，可以认为股价在中长期内处于上涨趋势。在处于上涨趋势的情况下，股价会持续上升直至转势。对处于上升趋势的股票来说，可以如第4章所述进行顺势交易，即在涨势暂转跌时进行交易更好。

股价上涨的原因有很多，如业绩良好和供求关系良好等，反之，股价最终会出现下跌。比如，业绩急剧下滑并且宣布下调的情况下，股票被大量抛出，股价将飞速跌落。要确认这究竟是短期下跌还是会引起趋势变化的下跌，事先一定要检查引起股价上涨的几个因素是否发生变化。此外，在股价上涨期间，有必要考虑股价涨幅的大小，并提前考虑停利点。

另外，我们要考虑股价变动的速度。一般来说，当股价上涨时，它会以缓慢的速度上涨。因为投资者会怀疑股价是否真的上涨，所以出手会有迟疑，导致其增速缓慢。另一方面，当股价下跌时，投资者争先恐后地抛出股票，因此股价以极快的速度跌落。一旦股价触顶后开始下跌，甚至可能瞬间跌至您买进时的价格，所以要特别关注股价从上涨趋势到下跌趋势的转变。

举个例子，2013年开始的"安倍股市"是股市上涨趋势的起点。在"安倍股市"中，多数股票的股价上涨，此时买进股票的话，无论是谁、无论何时，都会获利，因为总的行情为牛市。

然而，2015年夏季中国股市出现断崖式下跌时，股价一触顶便开始飞速下跌。2016年，有传言说安倍股市终结，此时股市便转为熊市。如果没有注意到股价走势发生变化，轻率买进股票，无疑会遭受损失。如果股价呈上涨趋势，总的行情和基本面没有发生变化，股价便会随着时间的推移逐渐上涨。

切莫因为股价呈上涨趋势，自身不断获利而过于自负地认为"自己颇有才能"。一定要时刻关注股价走势是否发生变化，并继续分析股价是否仍将处于上涨趋势。

用 RSI 分析股价过热程度，考虑买卖时机

对于呈上涨趋势的股票，应采取抄底买进的策略进行交易。抄底买进是指在股价上涨过程中低价买进股票。

在股价上涨过程中，何时才是其低价时机呢？

股价低廉时，由于投资者欲买进股票，会出现超卖时机。与分析股价下跌趋势时相同，可运用震荡派技术指标进行分析，但也有几点需要注意。因为股价处于上升趋势，所以不一定会出现股价呈下跌趋势时那样的超卖现象，有时股价处于上升趋势时也出现超卖现象。接下来将对上述问题进行分析。

请看图表 79，我们来看一看股价图中的震荡派技术指标 RSI，即下半部分。当股价处于下跌趋势时，RSI 数据跌破 50 并接近 0。此时，股价处于超卖状态。然而，随着股价的逆转，RSI 也转向上涨并上涨至 100。

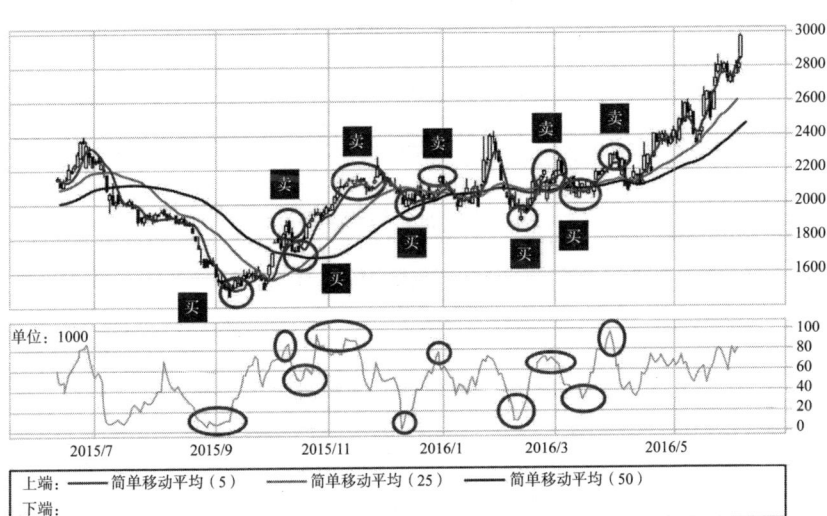

图表 79　Aeon Fantasy（4343）/RSI

资料来源：SBI 证券サイト画面

在图表 79 上半部分的移动平均线指标图中，我们在股价下跌和反弹部分作了买入和抛出的圆圈标记，同时也在 RSI 指标图中标记了对应节点。

在 RSI 图表中，如果股价跌破 30% 左右，这表明它处于超卖状态，股价趋势反转开始上涨；如果股价超过 70% 左右，这表明它处于超买状态，股价趋势反转开始下跌。我们可以参考一般的数值进行买卖。

然而，如果是在上升趋势中抄底买进，RSI 的数值不一定会降到超卖水平的最低限 30% 左右。此外，通过股票图表可以发现，当股价继续上涨时，RSI 的数值也会上下波动，并不一定会保持在 70% 左右。

这是因为，RSI 数值往往是根据过去几天的数值计算而来的。从其计算方法来说，有些值是不可控的。正如股票投资教材所讲的，股价的变动与数值并不总是一致的，所以必须注意这一点。

在股价处于上涨趋势的前提下，若是在股价趋势发生转变时买入股票，能事先分析股价顶在何处，那么可以在触顶前一直持仓。但是，不得不说分析触顶时的股价是很难的。所以，通过适当的、不断的买卖来积累利润的投资方法，让股票流动起来，也未尝不可。

灵活运用一目均衡表，再次确认分析结果

如果要分析股价趋势，用 RSI 判断出买卖信号就可以了。但如果是以降低风险为目的，那么，即便股票处于上升趋势，运用其他指标来确认之前的分析是否存在很大的失误，这也是很重要的。这里，让我们运用一目均衡表指标图，一起来确认之前的分析是否有误吧。

在移动平均线指标图中，如果移动平均线上扬，则可确定股价处于上涨趋势。我们再一起来看看一目均衡表指标图吧。请看图表 80。

通过观察中间部分显示的阻力区（云）的变化，可以发现阻力区随时间的推移呈上升趋势，并不断上升。因此，股价有极大的可能性

处于上涨趋势。

在标有圆形记号**1**处，一目均衡表指标图中 2015 年 11 月左右的股价超出阻力区（云），这是"三项好转"，即股价处于强势状态。

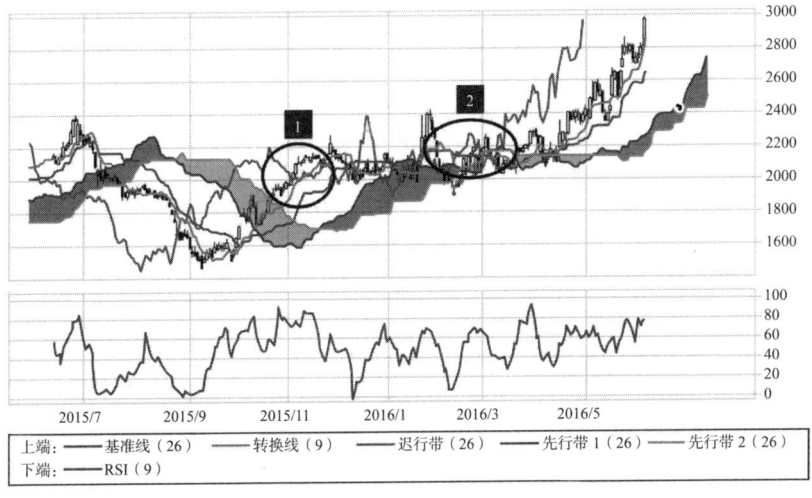

图表 80　Aeon Fantasy（4343）/ 一目均衡表

资料来源：SBI 証券サイト画面

此外，在标有圆形记号**2**处，2016 年初的股价位于阻力区（云）的上方，阻力区（云）支撑维持着股价；自 2016 年 4 月以来，股价远远超过阻力区（云）。综合考虑后，可以得知股价处于上涨趋势，不必过于谨小慎微地进行交易。

RSI 可用来分析股票是处于超买还是超卖状态，由此推断出股票的买卖时机。但是，如果仅依赖一张股票图表，每当股价变动便开始慌张、徒劳地买卖股票，可能会加大我们的精神负担。

在分析股价趋势时，至少要结合使用趋势派技术指标和震荡派技术指标，分析投资策略是否有误，频繁检查股价是否仍处于上涨趋势、上涨趋势是否转变。

第5节

看清横盘趋势中的股票买卖时机

当股票处于横盘趋势时,这种箱型股市并不会持续下去,股价最终会向上或向下突破。因此,要随时留意股价是否突破了横盘,有了转势。

横盘趋势中的股票投资战略

分析处于横盘趋势的股票时,我们可以采取与分析基本处于下跌趋势的股票相同的方法。也就是说,在横盘趋势中,股价在一定范围内的最低价与最高价之间波动,除非股价自上方或下方突破最低价与最高价,否则股价趋势不会发生改变。因此,可以采取在最低价时买进、最高价时抛出的交易方法。分析横盘趋势中的股票时,先从分析股价的方向性开始着手。

让我们观察Anicom控股有限公司(8715)半年来的日线图,试着具体分析股价的方向性。请看图表81。

看图表可知,股价在大幅下跌后,于2016年3月左右转变为横盘趋势。在横盘趋势中的最低股价处画出下限支撑线,在最高价处画出上限阻力线。由于此时股价已经转为横盘趋势，所以会在两条趋势线之间来回波动。

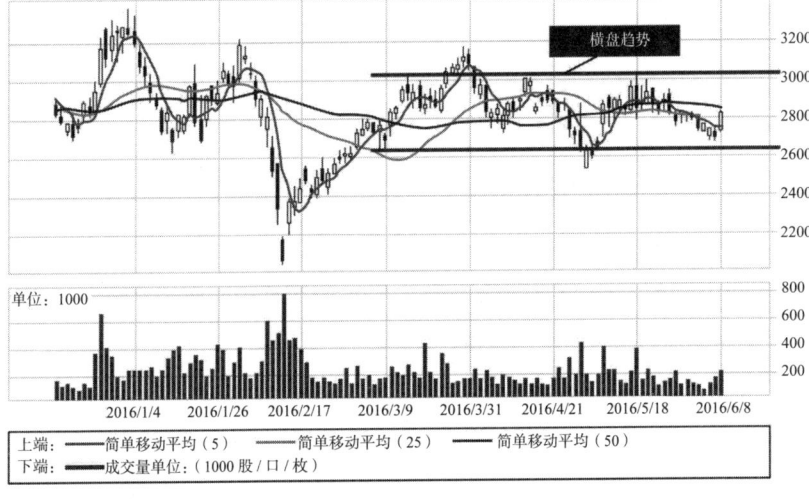

图表 81　Anicom 控股有限公司（8715）/ 移动平均线

资料来源：SBI 証券サイト画面

　　股价在一定范围内不断呈螺旋状涨跌运动，完全没有变化的股价是不存在的。也就是说，股价一接近下限支撑线，就会有不少投资者认为"股价一定还会上涨的"，故而购买欲增强，股价由此止跌转而上涨。相反，当股价接近上限阻力线时，许多投资者认为"股价还会下跌的吧"，于是急忙停利。受此影响，股票价格下跌。横盘趋势时，股价波动相对规律，我们可以机械地进行交易，即在下限支撑线附近买进，在上限阻力线附近抛出。

　　观察这时的移动平均线的走势，既没有大幅上升，也没有突然急剧下跌，股票整体走平，所以，我们可以推断股价在短期内呈横盘趋势。

　　分析了股价的走势后，接下来我们再思考所要采取的策略。仅仅通过股价图，我们就可以判断股价在短期内处于横盘趋势。股价横盘时，股价会在趋势线范围内波动，直到趋势转变。这与下跌趋势中的股票一样，我们可以在股价靠近下限支撑线时买进、靠近上限阻力线时抛出，也就是进行逆势交易。

但横盘趋势并不意味着股价一直会横向推移。通过观察股价图我们得知，股价下跌趋势会转变成横盘趋势。也就是说，横盘趋势中股价迟早会再变成上升趋势或下跌趋势。

如果股价向上突破上限阻力线转为上升趋势，投资方面就不会有什么难题，可如果股价向下突破下限支撑线，股价就会转变为下跌趋势，此时容易亏损。股价不会一直沿着趋势线变动，而会在某一节点转势，因此一定要把握这个节点进行交易。

而且横盘趋势中股价转势也是有原因的，比如市场出现企业业绩良好、供需正常等积极信号，这时股价大多会向上突破。相反，如果企业业绩不好、出现修正和调整等消极的市场信号时，股价大多会向下突破。

比如当投资者买进某一只股票后，由于企业业绩良好，股价上涨并突破了趋势线，那么投资者此时的利润有增无减，这当然再好不过。但是，如果企业业绩急剧恶化，致使股价下跌，股价往往会向下突破趋势线，也就是说，股价会跌得比买进时的价格更低，这时就会产生亏损。一旦股价向下突破了趋势线，基本面未出现调整，就很难回到原来的波动区间。

横盘时，一定要多注意影响股价变动的重要因素有无改变、趋势有无改变，不要错过停利的时机。

利用随机指标分析股价过热程度，思考买卖时机

无论股价处于横盘趋势还是处于下跌趋势，这两种情况下都可以进行逆势交易。在横盘趋势中，我们应该在什么时候买进股票以进行逆势交易呢？

大家对逆势交易已经不陌生了，即在股价下跌贬值时买进，随后在其价格上涨时抛出的交易方式。在横盘趋势中，由于投资者会在低价时大量买进，股票处于超卖状态。与下跌趋势中的交易一样，横盘趋势中的交易也运用了震荡派技术指标。首先，让我们确认股市箱体中股价下限在何处，再来判断股价是否处于超卖状态。

这次请看随机指标图（下端），请看图表82。在上端的移动平均线指标图中，股价下跌反弹处已经用圆圈标记出了买进与抛出的时间点，同时也用圆圈标记出了对应时期的随机指标（下端）。股价下跌时，随机指标的数值跌至50以下，渐渐接近0轴。但是随着股价的反转，随机指标也随之转为上升，朝着100%不断上涨。如果股价下跌至30%左右这一超卖水平，那么两条随机指标线就呈黄金交叉，股价就会转跌为涨。若是股价随后又超过了超买水平即70%，那么两条随机指标线就呈死亡交叉，股价将再次转为下跌趋势。

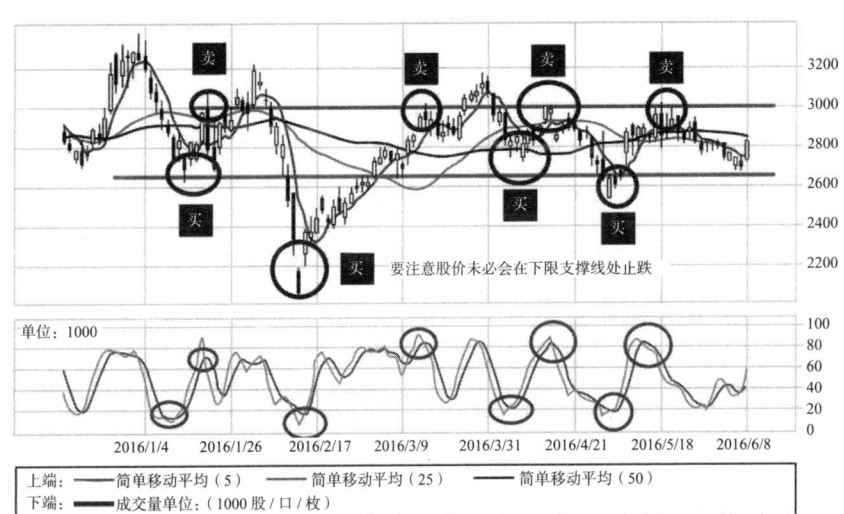

图表82　Anicom 控股有限公司（8715）/ 随机指标

资料来源：SBI 証券サイト画面

但是，无论随机指标的数值位于超卖水平即30%附近，还是位于超买水平即70%附近，都不意味着股价会位于下限支撑线和上限阻力线附近。利用随机指标分析股价处于超卖还是超买的同时，要确认股价是否靠近下限支撑线与上限阻力线。

虽然我们在横盘趋势中可以采取在上限阻力线与下限支撑线之间反复交易，以获取一定利益，但在利用这种投资方法时要考虑到，有时股价也会跌破下限支撑线，这一点必须注意。

如果股价在一定范围内波动，进行多次逆势交易并没什么问题，但如果在股市整体行情不好时还逆势买进，则有可能出现股价跌破下限支撑线的状况。2016年2月和4月，股价并未在下限支撑线处止跌。如果仅凭推测认为股价会止跌就冲动买进，那么股价下跌时就会遭遇亏损。因此要灵活地进行交易，留心实时的股市行情与基本面变化。

利用布林带进一步降低风险

接下来，请通过布林带指标图表检测此前的分析是否有误。请看图表83，图中上端为布林带，下端为随机指标。

在运用移动平均线分析时，我们已经推断出股价正处于横盘趋势。观察布林带，可以看到云带以一定的幅宽向前推进，我们可以推断出此时处于横盘趋势的结论似乎没错。

接下来我们再看布林带指标图中股价的变动，股价靠近下限支撑线，大致在超卖基准 -1σ 至 -2σ 之间，而且股价位于上限阻力线附近时，大致在超买基准 $+1\sigma$ 至 $+2\sigma$ 左右。

由此看来，似乎可以利用随机指标来分析股价处于超买还是超卖状态，以了解股票的买卖时机。但如前文所述，我们可以看到，图中2016年2月的股价并未在下限支撑线处止跌，布林带带宽加大，股价沿布林带行走。如❶处所示。之后从2016年3月左右开始，仅通过图表中布林带的形状，我们就可以看到股价重返横盘趋势，在布林带范围内变动，如图 2 处所示。如果我们能够断定 2 处股价处于横盘趋势，就能够通过在股市盘局的上限和下限处进行股票交易，牢牢抓住利润。但同时，我们也要考虑到股价会时不时地上下变动。

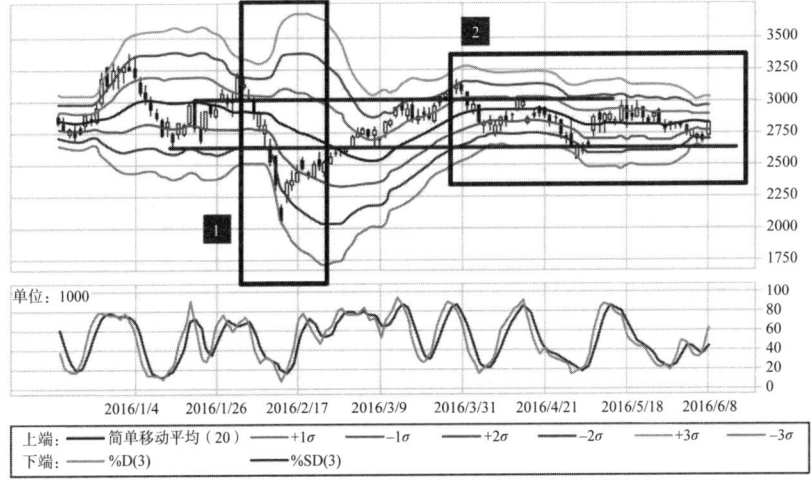

图表 83　Anicom 控股有限公司（8715）/ 布林带

资料来源：SBI 証券サイト画面

不过，股价不会一直处于横盘趋势，不管是向上还是向下，它总会突破横盘趋势。因此，我们应当结合趋势派技术指标与震荡派技术指标，检查我们的股价趋势分析和自身投资策略是否有误。

第6节

看清中小型股票与新兴市场股票的买卖时机

中小型股票与新兴市场股票的股价在上升和下降时都容易朝着某一方向单方向波动。为了降低风险，我们要尽可能灵活运用股票图表，建立投资策略。

中小型股票与新兴市场股票的投资策略

在新兴市场股票与中小型股票中有很多是刚刚上市的新股种，大多数股票的时价总额都相对较小。因此，股票的成交量小、涨跌停板薄，无论股价是上升还是下降，都容易沿着某一方向单方向波动，甚至经常波动到涨停板和跌停板的位置。

交易量小、流动性差等的确是无可奈何的事情，但如果仅仅这样就认为利用股票图表分析股价动向太难，却是言之过早。

举例来说，当股价大跌时，很多人认为"股价暴跌，此时不抛更待何时"，从而丧失冷静，匆忙交易，这种情况并不少见。一些在散户中受欢迎的股票更需要我们利用技术指标对其进行分析。

首先，我们要利用移动平均线等趋势派技术指标对股价的方向性进行判断，分析股票的整体趋势是否为上升趋势、股价趋势是否发生转变等。让我们通过 BrightPath（4594）半年来的日线图来试着对股价进行具体分析吧。

请看图表84。通过观察股票图表可知，股价从2016年3月左右起突然上涨，移动平均线上升着前行，股价位于移动平均线上方。于是我们可以了解到股价此时处于上升趋势。

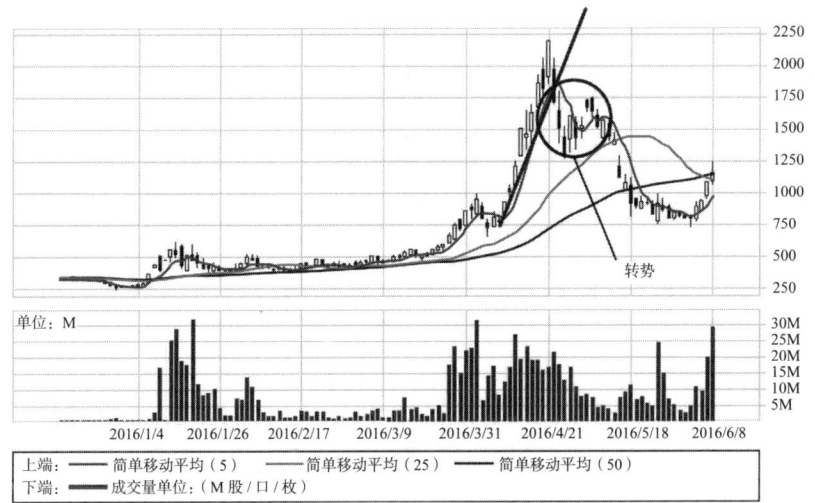

图表84　BrightPath（4594）/ 移动平均线

资料来源：SBI証券サイト画面

但是，股价在急剧上升后触顶，转而大跌。因为股价趋势是从上涨转为下跌，所以反转之后股价暴跌。

对新兴市场股票来说，一旦出现图表中的上升趋势，以买传买，一传十十传百，该股票的买进量增大，股价往往会大涨。然而，一旦股价触顶，大量投资者会争先恐后地抛出所持股票，转眼之间股价趋势就会转涨为跌，股价下跌。判断股价的趋势时我们可以运用移动平均线，但在股价触顶大幅下跌时，移动平均线的作用则差强人意。

为能尽早捕捉此类股价转折点，我们可以考虑同时运用其他技术指标。请在移动平均线的基础上结合趋势分析（参见第4章）进行股价分析。

以股价开始急速上涨处为起点，绘制下限支撑线。通过观察趋势线分析可知，股价未跌破下限支撑线，在股价上涨期间，买进的人越来越多，且这一状态持续着。然而，原本处于上升趋势的股价一跌破下限支撑线，认为股价趋势将会发生改变的投资者人数便增多，致使股价转瞬之间转为下跌。

对新兴市场股票与中小型股票而言，由于股价变动大，因此会有非常多的投资者选择在短期内多次交易，股价瞬间转势的现象也就不足为奇了。

股票价格像这样发生大幅变动时，如果只使用一种技术指标，还是不太令人放心，所以应当结合趋势线等其他技术指标进一步分析，时时关注股价趋势有无转变。

分析股价趋势后，下一步就要考虑交易策略了。在上升趋势时，采取顺势抄底交易为佳。不过，在趋势转变时要尽快停利，下一次再转而采取逆势交易策略。如果趋势已经发生了转变，却还抱着"股价应该还会上涨"的想法继续加仓，则有可能变成高价买入，最终亏损。

因为新兴市场股票与中小型股票的股价波动幅度大，所以更易从中获利。但反过来看，也正是因为这一点，其亏损也不可小觑。针对容易错过的停利时机，一定要提前考虑好股价上涨到何种程度时坚决停利，这一点十分重要。

利用随机指标分析股价的过热程度，研判交易时机

对处在上升趋势的股票来说，我们可以采取抄底买进的策略。所

谓"抄底买进",就是在股价上升期间寻找低股价时段并买进股票的交易方法。

像 BrightPath(4594)这样的新兴市场股票,我们应该在什么时机买进股票为好呢?接下来让我们通过图表 85 来具体了解一下。

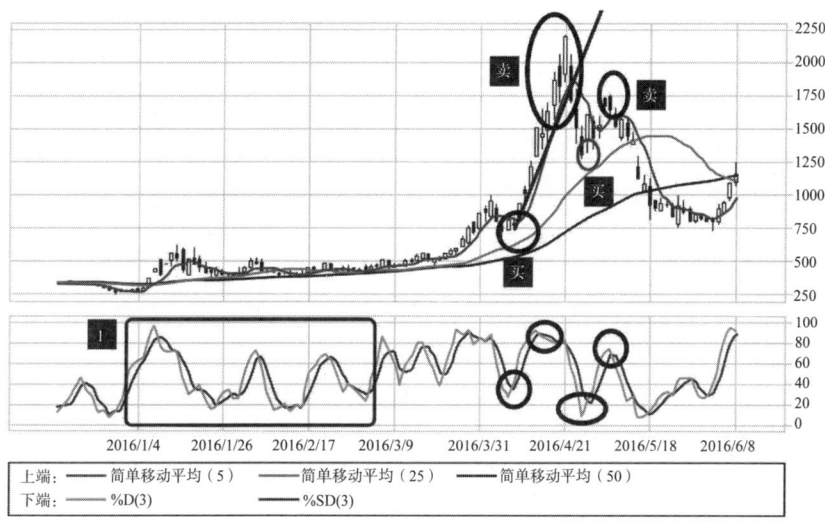

图表 85　BrightPath(4594)/ 随机指标

资料来源:SBI 証券サイト画面

在股票处于超卖水平时股价较低,我们可以在此时买进股票。因为我们采取的是震荡派技术指标,所以,当上升趋势如图中显示的那样不明朗时,我们应该一边考虑趋势的强度,一边分析股票何时处于超卖。

在上端的移动平均线指标图中,我们已经用圆圈标示出股价下跌反弹时买进与抛出的时机。现在让我们来看随机指标图(下端),股价在转变为上涨趋势之前呈横盘推移。股价在横盘趋势范围内下跌时,随机指标的数值低于 50,向 0 轴靠拢;股价在横盘趋势范围内上升时,随机指标的数值高于 50,向 100 靠近,总体呈比较规律的变动。见图中**1**处所示。

但是，在股价开始转变为上升趋势处，随机指标也转为上升且几乎不再下跌。随后，在股价上升趋势明显处，随机指标超过 70% 这一超买标准后，进一步向 100% 处上升。

再来看股价在整体呈上升态势时下跌的状况。股价的波动接近 30% 这一超卖标准，但没有出现大幅下跌。随着股价的反转，随机指标也再度转为上升。

2016 年 4 月，由于股价触顶下跌，随机指标在早些时候便已经超过了 70% 这一超买标准。随机指标的计算公式是以过去几天为标准，因此这一波动也在情理之中。看图可知，股票呈上升趋势期间，随机指标接近 30% 时买进合适，可以说，用这一指标更易于推断出买进时机。

但也不能否认，这一技术指标有可能会使我们提前抛出。但如果能提前推断出股价何时触顶，一直持股也不是不可以，难就难在不知道股价顶会是多少。反转之后的股价会暴跌，无论是股价触顶后再停利还是提前停利，股价差别都不会太大。

股价出现大幅波动时，我们要时时关注是否有转势发生，并确立相应的投资战略。

利用布林带检查先前的分析，进一步降低风险

对于股价变动较大的股票，我们要注意降低投资风险。重点在于要结合其他技术指标，确认我们做过的分析是否有误。请通过布林带指标图，尝试确认此前分析的正误。请看图表 86。

请看图表 86 上端的布林带，从中我们可以了解到，股票持续呈上涨趋势，股价在超买基准 $+1\sigma$ 至 $+2\sigma$ 附近沿布林带行走、上升。见图表中椭圆标示处。

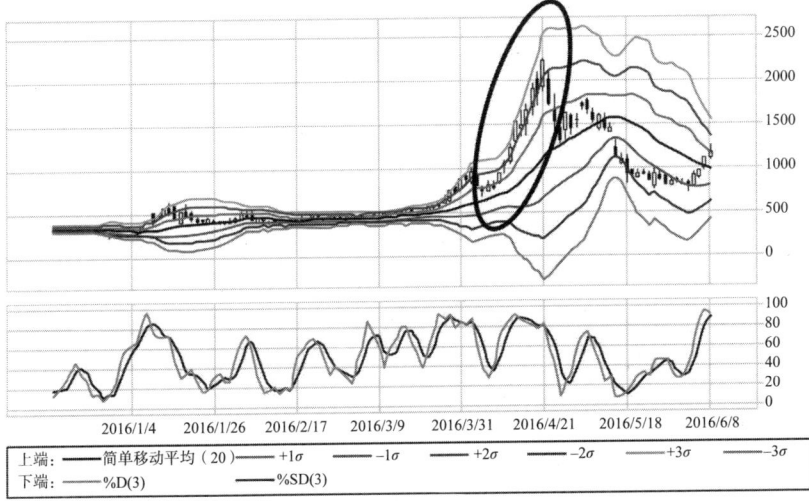

图表 86　BrightPath（4594）/ 布林带

资料来源：SBI 証券サイト画面

但是，上升趋势一转变，股价便下跌至中间部分，还有可能会跌至超卖基准 –1σ 至 –2σ 处。除了趋势线分析，我们也要灵活运用布林带指标，这样就可以确认股价从上升到下跌的转换了。

另外，在股价上升时，布林带也会呈向上的形状。自转势开始，布林带的形状也向下探。因此，通过观察布林带的形状也能够发现趋势的转变。

如果仅仅依赖于一个股价图，就很有可能错失趋势转变的时机。如果以高股价买进股票，那么，之后股价下跌将不仅给您带来经济上的损失，同时还会给您带来较大的精神压力。总而言之，在分析新兴市场股票和中小型股票时，要尽可能结合趋势派与震荡派的多种技术指标进行操作，不时地确认股价趋势与所选投资策略的正误。

附录1　从买进股票到抛出股票的步骤

▶ 买进股票前的步骤

步骤1　选股
- 使用会社四季报
- 使用技术指标挑选股票
- 从排名信息中挑选热门股票

步骤2　寻找交易时机①
（日线图）
- 使用趋势派技术指标，分析股价趋势处于上涨、下跌还是横盘
- 确认图表形态
  使用移动平均线、一目均衡表、布林带与趋势线分析方法

步骤3　寻找交易时机②
- 了解K线图与成交量的趋势
  蜡烛图的形状与成交量的变动

步骤4　寻找交易时机③
- 使用震荡派技术指标，分析股价处于超买还是超卖水平
  使用RSI和随机指标等方法判断股票过热程度

步骤5　确认交易分析
- 在周线图与月线图中重复上述步骤
- 确认是否与股价趋势相反

步骤6　确认股市的基本面
- 确认外汇市场以及日经平均股价与美国股市行情
- 如果股市行情良好

　　如果使用技术指标分析可行，就买进

▶ 抛出股票前的步骤

步骤1　确认所持股票动向

（日线图）
- 使用趋势派技术指标，确认股价趋势是否变化
- 确认图表形态

　　使用移动平均线、一目均衡表、布林带、趋势线分析

步骤2　寻找交易时机①
- 确认K线图与成交量的趋势

　　K线图的形状与成交量的变动

步骤3　寻找交易时机②
- 确认K线图与成交量的趋势

　　K线图的形状与成交量的变动

步骤4　寻找交易时机③
- 使用震荡派技术指标，分析股价处于超买还是超卖水平

使用RSI与随机指标确认过热度

步骤5　确认股市的基本面
• 确认外汇市场以及日经平均股价与美国股市行情
• 股市行情是否恶化

当个股出现消极信号，股市行情恶化时，会出现持续抛出情况。要当心，不要错过停利时机。

附录2 这只股票是涨还是跌,请用图表分析一下吧!

想要100%准确预测今后股价的趋势,从现实角度来看显然是不可能的。但是,如果能够深刻理解并正确应用技术分析,在股市中提高胜算却并非难事。

接下来,让我们运用实际的股票图表,思考该如何分析。请灵活运用趋势线分析方法,画出上限阻力线和下限支撑线,分析股价的态势和动向。

问题1: 软银(9984)

股价正处于小幅波动中,股价会上升吗?会下降吗?或者会处于横盘移动?

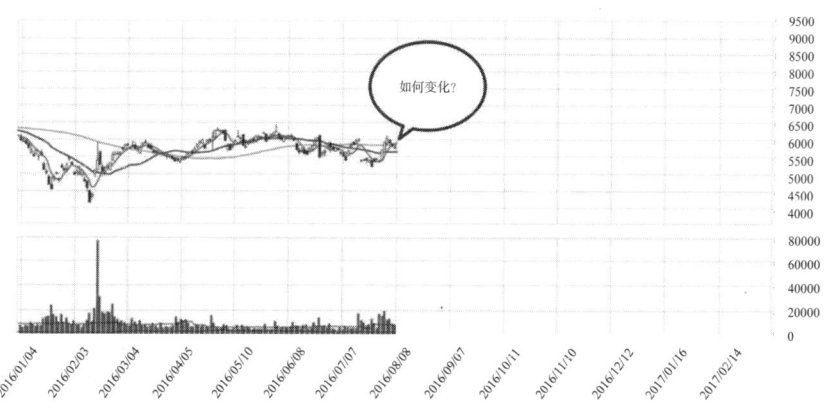

资料来源:会社四季报オンライン・高機能チャート(クォンツ・リサーチ株式会社提供)

答案1： 股价会上升！

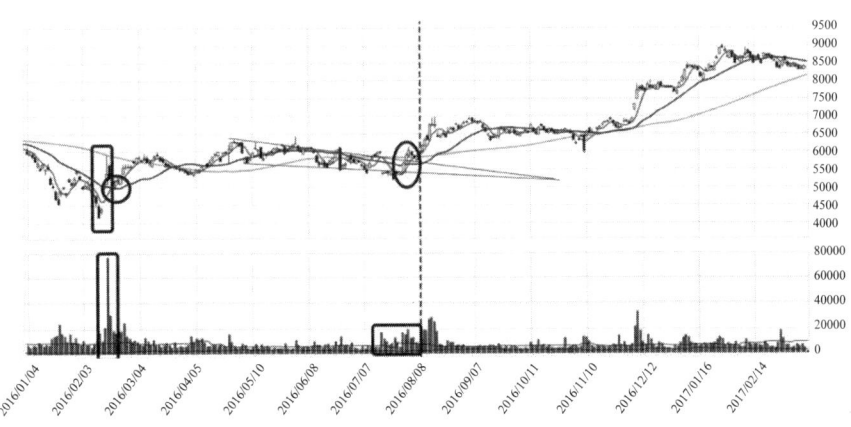

资料来源：会社四季报オンライン·高機能チャート（クォンツ·リサーチ株式会社提供）

解说：

　　股价在2月份随着成交量的减少而下跌，次日后又随着成交量的增加出现反转。如果此时对股价趋势转势并无太大信心，那么等次日股价动向明确以后再买进也为时不晚。短期移动平均线的黄金交叉迟几日后出现，之后股价出现横盘整理，长期呈小幅波动。此时画出趋势线，确认股价的趋势，发现图中三角形顶端越来越窄处的成交量逐渐增加，K线图的大阳线出现，股价上升。在三角形态时，即使出现一定的亏损也无大碍，等到股价再次向上突破趋势线时重新买进即可。

问题2： 安川信息系统（2354）

原本大幅上升的股价现在正持续小幅波动。股价会上升吗？会下降吗？或者会处于横盘移动？

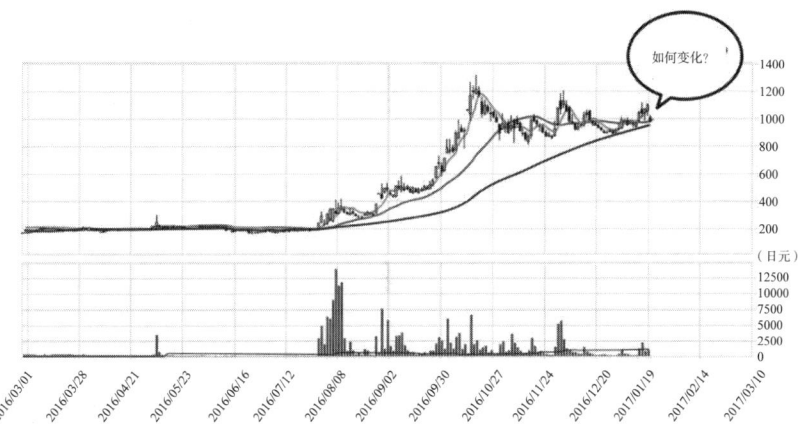

资料来源：会社四季报オンライン・高機能チャート（クォンツ・リサーチ株式会社提供）

答案2： 股价会下跌！

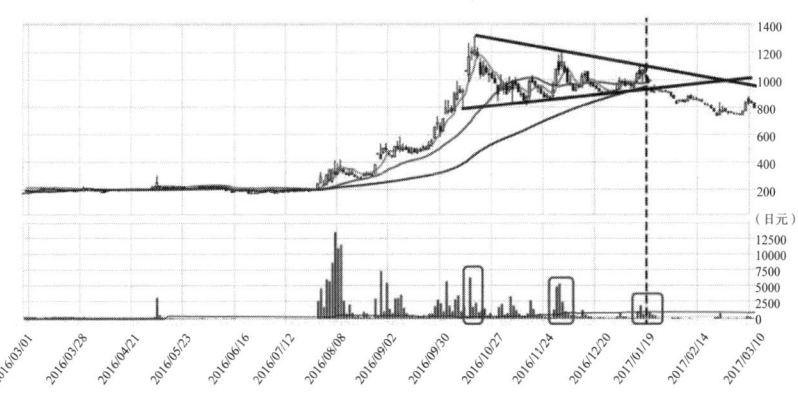

资料来源：会社四季报オンライン・高機能チャート（クォンツ・リサーチ株式会社提供）

解说:

股价在9月份随着成交量的增加而上涨,且K线图中上影线较长,股价出现触顶。在那之后,股价形成三角形态。股价随着成交量的增加而上涨,且上影线长,股价会持续处于触顶状态。最后,股价随着成交量的减少而下跌,向下突破下限支撑线,与短期移动平均线出现死亡交叉,随后股价持续呈下跌态势。股价在向下突破下限支撑线时,最好及早止损。

问题3: W-SCOPE(6619)

股价正持续跌落。股价会上升吗?或者会继续下跌吗?

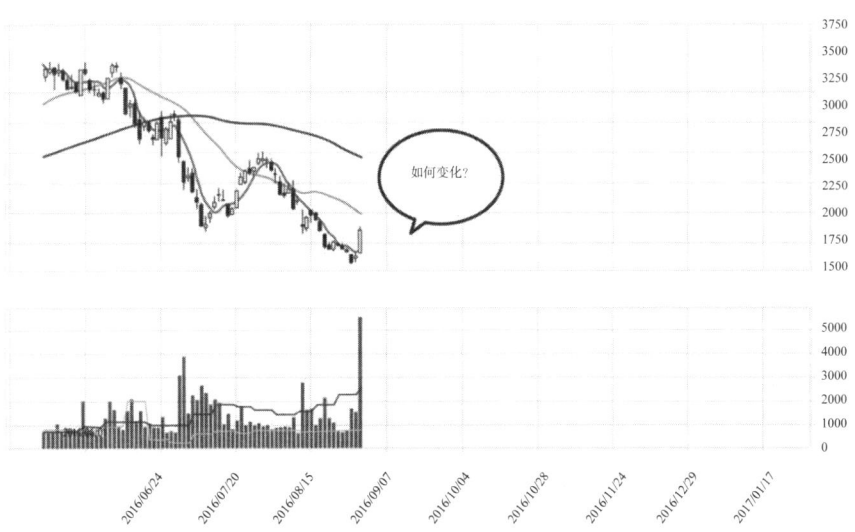

资料来源:会社四季報オンライン・高機能チャート(クォンツ・リサーチ株式会社提供)

答案3： 股价持续横盘！

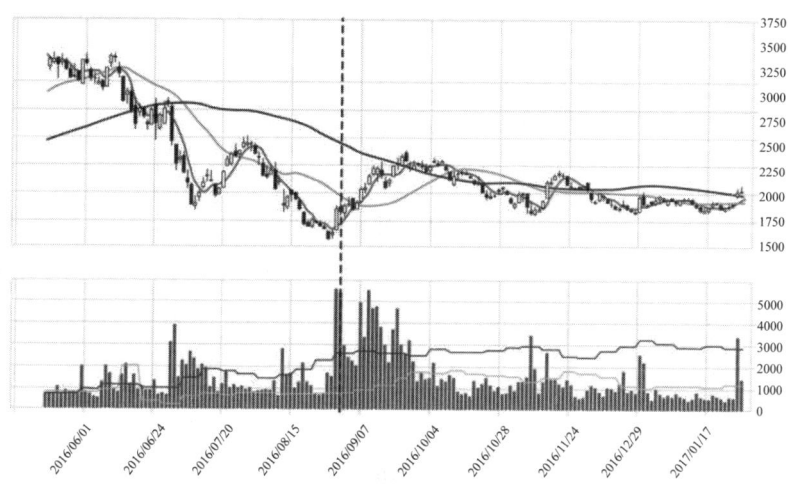

资料来源：会社四季報オンライン・高機能チャート（クォンツ・リサーチ株式会社提供）

解说：

　　股价在5月份随着成交量的增加而上涨，且K线图中上影线变长，此时股价触顶。之后股价一直处于下跌状态，始终没能突破上限阻力线。8月底，股价随着成交量的减少而下跌，这种情况也可以被称为"恐慌性抛售"。进入9月份以来，股价随着成交量的增加而持续上涨，这时就算无法完全确定是否出现恐慌性抛售，也能看出股价在短期内发生了转势，次日弄清楚股价变动后再买进也不迟。移动平均线指标图中，短期线的黄金交叉要几日后才能出现。之后股价虽然会上涨，但在向下突破下限支撑线后，股价趋势转为下跌。后期股价持续横盘，图表形态为三角形态，股价持续小幅波动。因为股价很有可能会向上或向下突破箱体，所以最好在新的趋势出现后再决定是否进行逆势交易。